100 clés pour dresser son Chien

100 clés pour dresser son Chien

Sarah Fisher et Marie Miller

LAROUSSE

21 rue du Montparnasse – 75283 Paris Cedex 06

Nous dédions ce livre à Gem (24 février 1994-30 janvier 2008), l'ami, le compagnon et l'âme sœur de Sean : un golden retriever exceptionnel, qui était vraiment le chien parfait.

ÉDITION ORIGINALE

Titre original
100 Ways to Train the Perfect Dog

ÉDITION FRANÇAISE
Traduction
Sabine Rolland

Réalisation de l'ouvrage
Alinéa

Direction éditoriale
Catherine Delprat

Édition et coordination
Agnès Dumoussaud, assistée de Julie Lecomte

Lecture-correction
Laurence Alvado

Direction artistique
Emmanuel Chaspoul, assisté de Cynthia Savage

Couverture
Véronique Laporte

ISBN 978-2-03-587902-8

Imprimé par RRD, Chine
Dépot légal janvier 2014
313634/03-11025796 décembre 2013

Pour les Éditions Larousse, le principe est d'utiliser des papiers composés de fibres naturelles, renouvelables, recyclables et fabriquées à partir de bois issus de forêts qui adoptent un système d'aménagement durable. En outre, les Éditions Larousse attendent de leurs fournisseurs de papier qu'ils s'inscrivent dans une démarche de certification environnementale reconnue.

Sommaire

Un chien parfait ?

En vérité, tous les chiens sont déjà des créatures parfaites, qu'il s'agisse de garder le troupeau ou de rapporter le gibier. Ce sont des animaux sociaux, capables de cohabiter harmonieusement avec les humains, les chats, les chevaux et de vivre heureux dans les environnements les plus variés. Toutefois, comme les enfants, ils doivent apprendre à bien se conduire. Dès que nous avons un chien, il est de notre responsabilité de l'aider à développer un comportement social adapté pour faire de lui un animal bien éduqué, sûr de lui et content de vivre à nos côtés.

Votre chien n'aime pas rester sans rien faire. Ses aptitudes au travail sont déterminées par sa race et ont été améliorées au cours d'un long processus d'élevage sélectif. C'est un être intelligent et sensible qui a développé une capacité de survie extraordinaire.

Si vous n'avez pas le temps d'éduquer un chien, mais désirez un compagnon fidèle, achetez ce genre de bête à poil !

Les chiens adorent apprendre et continuent d'apprendre toute leur vie. Posséder un chien bien éduqué est un plaisir de tous les instants. C'est un véritable partenaire, un membre de la famille à part entière, que tout le monde adore et qui participe à la vie du foyer. Obéissant, joyeux, drôle, intelligent et heureux de vivre, il enrichit l'existence de son entourage.

Éduquer un chien, ce n'est pas fabriquer un robot qui vit dans la crainte de son maître. Il s'agit simplement de lui apprendre les bonnes manières pour vous protéger et assurer sa sécurité tout en veillant à son bonheur et à sa santé. Tous les chiens sont aptes à obéir au rappel, à se coucher et rester tranquilles, à s'asseoir et ne pas bouger, à marcher calmement en laisse, à ne pas toucher à certains objets défendus, ainsi qu'à réserver un accueil convenable aux humains et aux autres animaux.

C'est à vous de savoir par quels moyens vous allez aider votre chien à s'adapter à une vie au sein de la société humaine. Vous pouvez choisir l'agility, les épreuves de travail ou les cours de danse canine ; à moins que vous ne préfériez l'éduquer à domicile. Quels que soient vos

Les chiens peuvent s'épanouir dans les environnements les plus variés – celui-ci vit heureux sur une péniche et salue tous les gens qui se promènent le long du chemin de halage.

Les chiens adorent relever des défis. Leur apprendre à franchir des obstacles et à trouver des jouets et friandises cachés, par exemple, contribue à améliorer leur bien-être physique, émotionnel et mental.

objectifs, vous devrez être un éducateur juste et compétent pour aider votre animal à réaliser tout son potentiel. Les seules règles d'or de l'éducation canine sont le calme, la créativité, la cohérence, la patience et la gentillesse.

Vous n'en reviendrez pas de voir tout ce que votre chien peut apprendre et, plus important encore, tout ce que vous pouvez lui apprendre. L'éducation canine n'est pas le privilège de quelques individus ultracompétents nés dans le milieu canin. Tout le monde peut s'y mettre, et avec succès, y compris vous-même. Si vous travaillez avec votre chien à l'aide des techniques décrites dans ce livre, vous allez du même coup approfondir votre relation et mieux communiquer. Votre animal développera sa coordination, sa maîtrise de lui-même et ne demandera qu'à être avec vous, travailler avec vous. Sans compter que vous apprendrez des tas de choses qui amélioreront l'ensemble de votre vie.

ÂGE ET ÉDUCATION

Plus l'éducation est précoce, mieux c'est, car le chien aura ainsi moins de mauvaises habitudes à perdre. Néanmoins, les chiens plus âgés conservent leurs facultés d'apprentissage et des comportements indésirables peuvent être considérablement améliorés avec le temps, la compréhension et la patience. Certes, plus un chien est âgé, plus sa condition physique l'oblige à apprendre lentement, mais il est faux de penser qu'il est incapable d'apprendre de nouveaux tours.

« J'ai 11 ans et j'aime toujours apprendre de nouvelles choses. »

Pour Naomi, éduquer sa chienne Orsa n'est pas sorcier ! L'éducation est une activité amusante et gratifiante qui ne doit jamais être ressentie comme un travail pénible par le chien ou son maître.

Pourquoi éduquer votre chien ?

Un chien bien éduqué est un chien polyvalent, capable de traiter de nouvelles informations et de s'adapter à toutes sortes de situations. Il est de notre devoir de veiller à ce que notre chien soit heureux, correctement stimulé, nourri comme il faut et bien soigné ; c'est également à nous de lui apprendre à bien se comporter en société et à pouvoir s'adapter sans trop de stress à un changement de vie.

La compagnie d'un chien apporte des bienfaits certains, mais si l'animal n'est pas éduqué, s'ennuie ou se montre anxieux, il n'a aucune chance de réduire le risque de maladies liées au stress chez son maître : combien de cynophiles bien intentionnés n'ont pas résisté à la vie infernale que leur faisait mener leur petit monstre à quatre pattes ? Sans compter qu'un chien incontrôlable peut vous coûter cher – par son comportement indiscipliné, il peut détruire l'intérieur de votre maison ou de votre appartement, saccager l'habitacle de votre voiture, voire blesser une autre personne ou un autre animal. D'autres comportements antisociaux, tels les aboiements intempestifs en l'absence du maître, peuvent également se révéler problématiques. Sachant que tous les comportements sont liés, prenez le temps d'éduquer votre chien afin qu'il reste calme et détendu, que vous soyez auprès de lui ou non.

Les chiens adorent aller se promener – Cookie ne refuse jamais une promenade sur la plage avec Sarah.

Qu'est-ce qu'un éducateur ?

Il est important de savoir qu'un éducateur n'est pas simplement quelqu'un qui a reçu une formation professionnelle. À partir du moment où vous vivez avec un animal, vous êtes son éducateur. Votre chien apprend en vous observant, en essayant de décoder votre langage corporel, votre comportement et vos propres réactions aux stimuli. Vous éduquez votre chien à chaque instant que vous passez avec lui, que vous en ayez conscience ou non. Il paraît donc logique de rendre cet apprentissage productif, amusant et gratifiant, quels que soient vos objectifs à long terme.

Néanmoins, vous pouvez inscrire votre chien à des cours d'éducation canine, surtout si vous êtes un maître novice : vous y apprendrez tous les deux des tas de choses et, en tant que maître, ces cours vous seront utiles si vous souhaitez poursuivre tout seul l'éducation de votre chien. Attention à l'éducateur que vous choisissez ! Certains utilisent le renforcement négatif – une technique utilisée pour punir l'animal jusqu'à ce qu'il stoppe son comportement inacceptable. D'autres utilisent le renforcement positif en signalant et en récompensant un comportement souhaité, ce qui est non seulement plus « humain », mais aussi beaucoup plus efficace (encadré ci-contre et fiche 37).

ORDRES ÉQUIVOQUES

Les termes que vous employez pour éduquer votre chien ont-ils le même sens pour vous et pour lui ? Dans l'idéal, la « marche au pied » signifie que votre chien avance à côté de vous, avec ou sans laisse, mais pour certains chiens, il s'agit plutôt de marcher en serrant entre leurs dents le bas d'une jambe de pantalon… L'ordre « Va chercher ! » est normalement destiné à apprendre au chien à aller chercher un objet, mais il peut aussi servir à renvoyer illico des visiteurs indésirables en lâchant le chien à leurs trousses ! Alors, soyez clair dans les messages que vous voulez transmettre.

Bud (à droite) est un superbe doberman que ses propriétaires ont confié à une nouvelle famille – une décision difficile mais justifiée. S'il s'est parfaitement intégré dans son nouveau foyer, c'est parce qu'il avait reçu une excellente éducation fondée sur le renforcement positif. Bud est un chien très heureux, qui continue de voir sa famille d'origine.

Les chiens apprennent en regardant tout ce qu'il y a autour d'eux.

Les différentes théories de l'apprentissage

Pour éviter tout malentendu sur les termes liés à l'apprentissage et leur signification, voici un aperçu des différentes techniques d'éducation.

RENFORCEMENT POSITIF (R+)

Une récompense est **ajoutée** pour augmenter la probabilité de réitération d'un comportement donné. Exemple : récompenser le chien avec une friandise s'il obéit au rappel. Cette méthode d'apprentissage est agréable pour le chien.

RENFORCEMENT NÉGATIF (R-)

Une situation désagréable est **supprimée** pour augmenter la probabilité de réitération d'un comportement donné. Exemple : obliger le chien à s'asseoir par la force, en appuyant sur son arrière-train. Le maître cesse lorsque le chien s'assied. Ce n'est pas le mode d'apprentissage le plus agréable pour le chien.

PUNITION POSITIVE (P+)

Une situation désagréable est **ajoutée** pour stopper un comportement donné. Exemple : utiliser un collier anti-aboiements à spray pour empêcher le chien d'aboyer. Toutefois, l'effet de la punition risque de se prolonger et le chien de développer un état d'anxiété. Ce n'est pas une méthode d'apprentissage agréable pour lui.

PUNITION NÉGATIVE (P-)

Une récompense attendue est **supprimée** pour stopper un comportement donné. Exemple : tourner le dos au chien qui aboie pour attirer l'attention. C'est la seule forme de punition qui a sa place dans l'éducation canine moderne.

CONDITIONNEMENT CLASSIQUE

Le conditionnement classique ou répondant a été rendu célèbre par Pavlov qui avait observé que les chiens salivent toujours avant d'être nourris. Pavlov a associé le son neutre d'une cloche à la nourriture et les chiens se sont mis à saliver dès l'audition de ce son par anticipation de leur repas. Le bruit du clicker est souvent utilisé dans le conditionnement classique en vue d'un emploi ultérieur dans le conditionnement opérant.

CONDITIONNEMENT OPÉRANT

Les maîtres se demandent souvent pourquoi leur chien réitère un comportement qu'ils pensent avoir puni précédemment, d'où l'intérêt de se mettre à la place du chien. Exemple : supposons qu'un chien accueille son maître en lui sautant dessus et réussisse à attirer son attention. Même si son maître le réprimande verbalement ou le repousse, la récompense (à savoir l'attention) l'emporte sur la conséquence. En revanche, si le chien est systématiquement ignoré et récompensé par l'attention de son maître uniquement lorsqu'il garde les quatre pattes au sol, il va apprendre que sauter sur les gens n'est pas une méthode efficace pour attirer l'attention.

Si vous étiez un chien…

Si vous avez du mal à saisir la différence entre le renforcement positif et le renforcement négatif, imaginez la situation suivante : vous avez été embauché dans une entreprise où personne ne parle votre langue et ne vous dit ce que vous devez faire, et votre description de poste est très vague. Seule possibilité : vous essayez de vous débrouiller tout seul.

Vous tuez le temps comme vous pouvez parce que personne ne vous a dit ce que vous deviez faire.

Vous courez çà et là pour proposer vos services dans toutes sortes de domaines parce que vous possédez de nombreux talents innés et une énergie débordante. Autour de vous, tout le monde semble désapprouver. Lorsque vous accueillez les clients en leur faisant une grosse bise bien baveuse sur les deux joues, intervenez mal à propos lors des réunions du conseil d'administration, vous emparez de tout ce que vos collègues laissent traîner et vous précipitez sur le repas de midi à la cantine, le directeur de l'entreprise vous frappe ou vous empoigne pour vous virer de votre bureau et vous enfermer dans une autre pièce. Vous criez, mais il n'a aucune idée de ce que vous essayez de lui dire. Il vous laisse seul. Vous n'avez aucune indication, aucune tâche définie à accomplir et vous ne savez plus où vous en êtes. Vous vous ennuyez comme un rat mort. Vous commencez à griffonner sur les publications internes et à faire des cocottes en papier avec le courrier. Votre patron ne vous donne rien à faire.

Vous finissez par comprendre qu'il est inutile de tenter de communiquer avec d'autres membres de l'équipe et votre patron semble satisfait de vous voir enfin calmé.

Les chiens aiment savoir quel est leur rôle.

Votre nouveau patron vous dit clairement que vous êtes son assistant !

Il recommence à vous parler et cela vous fait tellement plaisir que vous ne pouvez pas vous empêcher de le serrer dans vos bras avec force et enthousiasme. Et vous vous retrouvez une nouvelle fois isolé, ne sachant comment tuer le temps. Vous découvrez la résignation, et l'état dépressif devient votre seconde nature.

Avec un peu de chance, votre patron vous renverra ou, encore mieux, suivra une formation qui lui apprendra à travailler autrement et plus efficacement avec ses collaborateurs. Jackpot ! Soudain, il vous comprend. Il est capable de communiquer. Il vous fait savoir très calmement et très clairement que vous êtes son assistant. Hourra ! Il vous apprend pas à pas à exécuter chacune des tâches qu'il vous confie. Il vous sourit. Il est fier de vous. Il vous remercie. Il vous fait des cadeaux – une superbe agrafeuse et un magnifique stylo. Il vous emmène partout avec lui. À chaque fois que vous faites correctement votre travail, vous êtes félicité. Si vous commettez une erreur, il ne vous réprimande pas et ne vous ignore pas pour le reste de la semaine, parce qu'il sait que c'est de sa faute ; visiblement, il ne vous a pas suffisamment bien appris à exécuter la tâche en question ou il vous a désorienté par des messages contradictoires.

Vous ne vous ennuyez jamais, car tous les jours, vous apprenez quelque chose de nouveau. Votre patron vous autorise des pauses déjeuner et ne vous surcharge jamais de travail. Vous aimez ce que vous faites. Vous aimez votre patron. Et lui aussi semble vous aimer. Si, de temps en temps, vous reprenez vos mauvaises habitudes, il vous rappelle gentiment que vous n'avez pas à fourrer votre nez partout et à vous précipiter pour accueillir les clients ; il vous redirige vers votre magnifique bureau afin que vous puissiez accomplir le travail pour lequel vous avez été embauché. Tout le monde est heureux et l'entreprise prospère.

Beaucoup de chiens vivent la première partie de ce scénario parce que leur propriétaire ne sait tout simplement pas comment faire autrement. Ignorer son animal, le limiter dans ses activités ou le punir d'un comportement indésirable ne l'aidera pas à apprendre. Réfléchissez à la façon dont votre chien pourrait considérer sa vie à vos côtés et mettez-vous à sa place. Comprendriez-vous ce qu'on attend de vous ? Voudriez-vous mener la vie que vous avez choisie pour lui ? Cet exercice d'introspection vous aidera à être plus juste dans vos attentes et plus conscient des besoins de votre chien.

N'oubliez jamais que votre chien n'a pas choisi de vivre avec vous : c'est vous qui l'avez choisi.

Mettez-vous à la place de votre chien : apprécieriez-vous la vie que vous avez choisie pour lui ?

Pourquoi les choses tournent-elles mal ?

La plupart des chiens qui manifestent des troubles du comportement vivent avec des maîtres novices qui ont été incapables de – ou n'ont pas voulu – prendre le temps nécessaire pour construire une relation solide avec leur animal. Parfois, le propriétaire enseigne sans le vouloir un comportement inadapté à son chien en le faisant jouer à des jeux brutaux qui l'excitent ou l'effraient.

Un chien peut aussi faire des bêtises parce que son maître ne comprend pas ses besoins et interprète mal ses comportements et ses réponses. S'il se conduit mal, c'est essentiellement parce qu'il s'ennuie et manque d'instructions claires. Un chien, s'il n'a pas la possibilité de libérer ses pulsions et ses désirs naturels, sera frustré ; or un chien stressé est un chien à problèmes. Résultat : il est sans repères et toujours sur la défensive.

Au pire, un chien peut devenir dangereux. Quelle que soit sa race, il est capable de mordre et de tuer, d'attaquer l'homme, des congénères et d'autres animaux. Certes, quelques races ont développé des caractéristiques particulières suite à des années d'élevage sélectif, mais il n'existe pas de races naturellement plus agressives que d'autres. Un pourcentage élevé de morsures de chien survient au sein du foyer : si tel est votre cas, demandez immédiatement l'aide d'un professionnel.

Trop de chiens atterrissent dans des refuges (à gauche) parce qu'ils n'ont pas été éduqués (en haut). L'éducation (ci-dessus) augmentera leurs chances de retrouver un foyer.

Si votre chien adopte systématiquement un comportement qui vous déplaît, penchez-vous attentivement sur tous les aspects de sa vie. C'est peut-être le moment de le soumettre à un bilan de santé complet ou de changer quelque chose dans votre attitude à son égard. Soyez honnête vis-à-vis de vous-même et faites confiance à votre intuition. Vous connaissez votre chien et, si vous rencontrez des problèmes, faites-vous aider par quelqu'un qui utilise des techniques d'éducation douces et positives, et travaillera avec vous personnellement. Envoyer votre chien en rééducation n'est pas une solution.

Des poils hérissés à la racine de la queue peuvent être liés à des tensions dorsales.

Holly souffre de tensions dans tout le corps, d'où sa difficulté à se détendre et à avoir une démarche équilibrée en laisse (ci-dessus). La promener avec une double laisse et la soulager par le Toucher Tellington sur le corps et la tête contribuent à la calmer (ci-dessous).

Lien entre posture et comportement

Les habitudes posturales se prennent dès le plus jeune âge, et le lien qui existe entre la posture et le comportement ne doit pas être négligé. Un chien qui souffre de tensions dans son arrière-train, par exemple, risque d'être plus craintif et sensible au bruit. Des tensions dans cette région peuvent aussi déclencher le fameux réflexe de lutte ou de fuite.

Les chiots peuvent avoir des problèmes liés à une mise bas difficile. Les accidents, les manipulations brutales, les jeux violents, tirer un chien par son collier et tirer constamment sur sa laisse, entre autres, peuvent aussi créer des zones de fragilité dans le corps qui affectent la façon dont le chien se sent et apprend.

Pratiquez les exercices de manipulation (fiches 10, 11, 12, 50 et 51) pour détecter les zones hypersensibles ou « interdites », ainsi que le Toucher Tellington (p. 35-38) pour soulager les tensions et l'anxiété de contact de votre chien.

Les chiens souffrant de tensions dans le dos peuvent avoir du mal à se calmer et être sensibles au moindre contact dans cette région.

Ce que tout maître doit savoir

Que vous possédiez un chien pour la première fois ou que vous ayez toujours eu des chiens, vous devez comprendre quelques principes de bases de la psychologie canine.

Les chiens ont un langage corporel complexe pour communiquer entre eux et avec les humains (ci-dessus et ci-dessous).

Comment approcher un chien ?

Dans la société humaine, la politesse consiste à aborder la personne de face, à la regarder et à maintenir le contact visuel lors de l'échange. Mais de nombreux chiens peuvent trouver cette approche intimidante, notamment si l'animal n'a aucune échappatoire. Sachez que si vous le fixez des yeux, vous penchez sur lui ou le serrez dans vos bras, il risque d'adopter une attitude défensive ou craintive. Tant que vous n'avez pas développé un lien et une confiance suffisamment solides, jouez la carte de la sécurité en abordant le chien de côté et en établissant le contact avec le dos de votre main. Adoucissez votre regard et baissez un peu les paupières. S'il reste inquiet, lancez-lui un regard, puis regardez ailleurs en baissant le menton et en penchant légèrement la tête. Si cela ne suffit pas, clignez des yeux lentement et à plusieurs reprises.

Comment les chiens apprennent-ils ?

Les chiens naissent avec le désir inné d'apprendre à faire des choses. Comme les humains, ils fonctionnent à la motivation et à la récompense. Ils sont également capables d'enchaîner différents exercices, ce qui fait d'eux des animaux assez faciles à éduquer.

Les chiens ont tendance à répéter des comportements qui leur valent une récompense et, logiquement, devraient donc abandonner des comportements qui ne leur valent aucune récompense. Mais les choses ne se passent pas toujours ainsi. Pourquoi ? Parce que le chien considère comme une récompense non seulement les délicieuses friandises ou les jouets amusants que vous lui donnez, mais aussi sa réussite à attirer votre attention.

Par exemple, si vous profitez des moments où il se tient tranquille pour passer des coups de fil, vous ne lui montrez pas qu'il se comporte comme vous le souhaitez. Il va donc apprendre à attirer votre attention en vous chipant votre agenda, en aboyant sans cesse. Pour un chien, une attention négative est préférable à l'absence d'attention. Alors ne l'ignorez pas quand il est allongé tranquillement ou quand il joue tout seul. Félicitez-le pour son « bon » comportement et donnez-lui une récompense, même si vous ne lui avez rien demandé de précis, et il saura qu'il se comporte comme il faut.

Comment les chiens communiquent-ils ?

Tous les maîtres connaissent le langage vocal de leur chien, fait de grondements, de gémissements et d'aboiements, et sont familiers avec les différents types d'aboiements, mais la société canine emploie aussi un langage corporel très subtil, d'où la nécessité d'apprendre à décoder les postures de votre compagnon pour mieux le comprendre.

Observez toujours les réactions d'un chien dans le contexte où elles se produisent. Par exemple, saliver et se lécher les babines peut être un signe d'anticipation si le chien attend son repas ou une friandise et, dans ce cas, l'animal a aussi les yeux qui brillent et les oreilles pointées en avant. Toutefois, un chien qui baisse la tête et couche ses oreilles en passant sa langue sur ses lèvres se sent probablement menacé et peu sûr de lui. S'il renifle le sol et se gratte, c'est parce qu'il n'a pas confiance en lui, est fatigué ou ne sait plus où il en est. Si votre chien n'arrête pas de se gratter le cou pendant une séance d'éducation, cela peut signifier que vous lui en demandez trop. Pratiquez quelques Touchers Tellington (p. 35-38), revenez à un exercice qu'il connaît déjà ou accordez-lui une longue pause.

Prenez le temps d'observer votre chien lorsqu'il se trouve dans un nouvel environnement, lorsque vous vous approchez de lui, lorsque vous travaillez avec lui et lorsqu'il salue des congénères et d'autres personnes. Si vous êtes à l'affût du moindre signe d'inquiétude dans son comportement, vous pourrez faire le nécessaire pour qu'il reste aussi calme et confiant que possible. L'observation de la gent canine peut aussi devenir un passe-temps passionnant…

L'œil qui brille, les oreilles pointées vers l'avant : nul doute que ce chien se lèche les babines par anticipation.

Votre chien vous considère-t-il comme un membre de sa meute ?

Connaissez-vous des chiens qui mettent des laisses à d'autres chiens ? Emmènent un congénère chez le toiletteur ? Conduisent l'un des leurs dans un parc en le faisant monter à bord d'une voiture, fenêtre ouverte, oreilles au vent ? Si vous répondez « non », bravo, vous avez dissipé un mythe très répandu. Les chiens savent la différence entre les hommes et leurs congénères ; ils ne nous prennent pas pour des chiens. Si votre réponse est « oui », envoyez-nous l'adresse de ce chien pour que nous puissions le rencontrer !

Bien que la structure sociale soit importante, il circule beaucoup d'informations mensongères sur la meute, le rang et la hiérarchie qui risquent de poser des problèmes, à la fois pour le chien et sa famille. Les chiens ont besoin d'être guidés et dirigés. Livrés à eux-mêmes, ils ne tardent pas à faire la pluie et le beau temps.

Comme dans n'importe quel groupe ou partenariat, il faut un leader. Vous n'avez pas besoin de jouer les dictateurs ni de mener votre chien à la baguette, mais vous devez pouvoir le contrôler calmement en toutes circonstances et lui apprendre à se comporter correctement.

Parfois, vous devez lui faire comprendre que son comportement est inacceptable, mais, pour être un leader efficace, vous devez lui montrer comment vous désirez qu'il se comporte et le féliciter pour se conformer à vos attentes au lieu de le punir lorsqu'il fait quelque chose que vous ne voulez pas qu'il fasse. (Voir aussi Fixer des limites p. 24 et Lui faire comprendre qu'il a mal fait p. 32.)

NATURELLEMENT LEADER

Si vous prenez le temps de créer des liens avec votre chien et de l'éduquer à l'aide des techniques proposées dans ce livre, vous allez tout naturellement devenir celui qui le guide et le motive. Vous n'aurez pas besoin de prendre vos repas avant lui (si un éducateur devait croquer un biscuit avant de donner une friandise à un chien, l'obésité le guetterait !), de refuser le contact ou de gagner toutes les parties de jeu pour maintenir votre statut de leader. Votre chien vous obéira rapidement et de bon cœur.

Travaillez les techniques proposées dans ce livre et vous prendrez naturellement une place importante dans la vie de votre chien.

Une relation profonde et durable se mérite – ne croyez pas y avoir droit automatiquement.

Attention aux étiquettes !

Après avoir mis une étiquette à un chien, il est très difficile de la lui ôter, et de nombreux chiens jugés agressifs manifestent plutôt des réactions défensives. Quiconque possède et/ou éduque un chien devrait garder un dictionnaire à portée de main pour vérifier qu'il emploie le bon mot lorsqu'il décrit le comportement de l'animal, trop de termes étant utilisés de façon impropre ! Non pas que nous voulions trouver une excuse à un comportement antisocial, loin de là. Mais si nous interprétons mal les réponses d'un chien, nous avons moins de chance de pouvoir le comprendre vraiment et l'aider.

Nombre de chiens étiquetés « dominants » sont anxieux, peu sûrs d'eux et connaissent mal les limites de leur territoire. Un vrai chien dominant n'a pas besoin d'engager des combats inutiles, de stocker fiévreusement un maximum de ressources ou de rôder constamment près de la clôture à la recherche d'éventuels intrus. Pourquoi ? Parce qu'il possède la confiance et la maîtrise de soi, et sait que s'il doit – ou veut – prendre les mesures qui s'imposent, il en est capable. Il sait transmettre un message par le regard ou un changement de posture, au lieu d'attaquer aussitôt, et faire la différence entre une menace réelle et une menace potentielle, ce qui lui permet d'avoir une réaction adaptée.

Orsa est un berger de Maremme-Abruzzes – elle monte la garde, mais se montre extrêmement sociable avec les gens et d'autres animaux.

Avoir le matériel de base

Que vous vous apprêtiez à accueillir un chien chez vous ou que vous ayez décidé de repartir sur de nouvelles bases avec votre compagnon, vous devez lui offrir un environnement adapté et posséder le matériel et les équipements nécessaires.

L'environnement

Veillez à avoir un environnement sécurisé. Des fils électriques qui pendouillent, des téléphones portables, des chaussures et des vêtements qui traînent, des jouets d'enfant éparpillés, tout cela est très tentant pour un jeune chien qui s'ennuie, avec des conséquences parfois désastreuses. Certaines plantes toxiques et de nombreux produits d'entretien de la maison et du jardin, dont les pastilles antilimaces, les antigel et les pesticides, sans oublier le chocolat, peuvent lui être fatals. Vous trouverez sur Internet toutes les informations nécessaires concernant les plantes toxiques et les produits ménagers les plus dangereux. L'habituer à la cage (fiche 1) est un bon moyen d'assurer sa sécurité la nuit et pendant votre absence.

Cookie est vraiment ravie de passer du temps dans sa cage et y entre même de son plein gré lorsqu'elle veut se reposer.

L'équipement

Si vous voulez éduquer efficacement votre chien selon les techniques présentées dans cet ouvrage, il vous faut : un clicker, un sifflet, une baguette colorée pour le rappel, un petit tapis, des récompenses alimentaires, une longe de grande longueur. Sans oublier le kit de toilettage qui peut inclure un gant en laine de mouton et un gant de massage à picots en plastique mou pour les chiens hypersensibles.

Le matériel indispensable comprend un collier plat, un harnais et une double laisse qui vous permettront de mieux contrôler votre chien en laisse et de réduire le risque de lésion des cervicales et/ou de la trachée.

Les jouets et jeux adaptés

Les chiens tissent des liens étroits par le jeu et le contact physique. Au sein de la portée, les chiots apprennent à jouer à des jeux de possession et de renoncement, y compris à lutter pour la meilleure mamelle. Il est important de jouer avec son chien et tout aussi important de fixer des limites dans ce domaine.

Il faut distinguer deux types de jouets : ceux avec lesquels le chien peut jouer seul en toute sécurité et ceux avec lesquels vous pouvez jouer avec lui. Dans la première catégorie, les Kongs® ou assimilés, ces jouets en caoutchouc dur (p. 141), sont l'idéal parce que vous pouvez

Les exercices d'éducation proposés dans ce livre réclament un matériel spécifique : 1 double laisse, 2 grande longe, 3 petit tapis, 4 collier plat, 5 clicker, 6 sifflet, 7 sac à friandises, 8 baguette colorée, 9 harnais.

Maisie porte un collier, un harnais et une double laisse – une panoplie très efficace pour lui apprendre à avoir une démarche équilibrée lorsqu'elle marche en laisse.

les remplir de friandises. Votre chien trouvera là une occupation sans danger et un objet à mâcher. Montrez-lui que vous êtes content de le voir jouer avec, mais évitez d'entrer dans la partie puisque vous cherchez à lui apprendre à s'amuser tout seul. Bien sûr, il va probablement essayer de vous inciter à jouer avec lui en déposant son jouet à vos pieds ou sur vos genoux. Restez neutre et détaché. Relevez-vous et vaquez à vos occupations ou regardez par la fenêtre. Le jouet va rester par terre et votre chien va vite se rendre compte qu'il n'est pas un outil efficace pour attirer votre attention.

Dans la seconde catégorie figurent les jouets à corde (par exemple une balle attachée à une corde), les jouets de traction, les jouets en plastique, en latex ou en caoutchouc dur qui couinent, etc. Nous vous conseillons aussi les jeux interactifs suédois de Nina Ottosson (p. 141).

Ne laissez pas ces jouets à la portée de votre chien et, lorsque vous voulez jouer avec lui, sortez-les du placard ou du coffre et invitez-le à une belle partie de jeu (fiche 18). S'il semble réticent, faites semblant de vous amuser comme un fou avec le jouet, puis mettez-le de côté et reprenez vos occupations. Si votre chien se décide, apprenez-lui les règles de ce jeu, jouez quelques instants avec lui et stoppez la partie, même s'il veut continuer à jouer, afin qu'il reste sur sa faim. Ainsi, il risque moins de se lasser de ses jouets et de vos parties de jeu.

Cookie s'amuse comme une folle avec son jouet qui couine.

Remplis de friandises, les Kongs® permettent à un chien de s'amuser tout seul.

JOUETS – CONSIGNE DE SÉCURITÉ IMPORTANTE

Lorsque vous achetez un jouet qui peut être rempli de friandises, veillez à en choisir un conçu avec un seul trou. En effet, si le chien s'amuse avec un jouet percé d'un trou à chaque extrémité et plein au milieu, sa bouche peut créer un vide d'air qui risque d'emprisonner sa langue à l'intérieur et de la faire gonfler. Le chien panique et ressent une vive douleur. Il peut être gravement blessé, voire en mourir.

La plupart des chiens apprécient de varier les exercices physiques et les environnements.

L'exercice

Promener son chien n'est pas simplement un exercice physique – c'est aussi une stimulation mentale. Cette activité lui donne l'occasion d'être au courant de ce qui se passe dans le voisinage, d'identifier de nouvelles odeurs, de découvrir ou redécouvrir la faune et la flore locales. Une promenade au parc, à la plage ou à la campagne lui apportera une satisfaction mentale sans commune mesure avec le tour du pâté de maisons. Si votre chien rechigne à s'aventurer à l'extérieur parce qu'il fait une chaleur caniculaire ou qu'il a beaucoup neigé, les exercices de ce livre l'aideront à rester actif sur tous les plans. Si c'est vous qui rechignez à aller braver les éléments, rappelez-vous qu'il n'existe pas de mauvais temps, mais uniquement des vêtements inadaptés !

Bouger : une stimulation physique et mentale nécessaire aux chiens.

Les jeux à éviter

Évitez les jeux de combat, notamment avec les races de grande taille et si votre chien est régulièrement en contact avec des enfants, des personnes âgées ou des handicapés. Ces jeux basés sur les rapports de force impliquent généralement des morsures. Vous risquez d'aller au devant d'ennuis.

Les jeux de poursuite font souvent partie des jeux préférés des enfants et donnent envie au chien d'y participer. Le chien aime aussi y jouer avec ses congénères et d'autres animaux. Dans les deux cas, veillez à ce que votre chien n'apprenne pas à considérer les enfants et ses autres partenaires comme des jouets à mâcher mobiles. Gardez votre chien en laisse, mais avec un jeu suffisant, l'idéal étant de laisser traîner par terre une laisse réglable, puis de la ramasser et de la raccourcir pour stopper la partie.

Les jeux de poursuite peuvent poser problème si le chien s'approprie l'objet qu'il ramasse au sol. Les chiens apprennent très vite à garder un « trophée » parce qu'ils courent plus vite et se glissent dans des endroits plus étroits que les humains. Veillez donc à ce que votre chien trouve plus amusant de venir au rappel que de s'enfuir avec son trophée (fiches 18 à 20).

Si votre chiot devient surexcité et se met à déchiqueter son jouet, stoppez immédiatement la partie. Un jeu ne doit jamais dégénérer en agressivité.

La socialisation

La socialisation est importante. Même si vous vivez seul, votre chien doit savoir obéir aux ordres de base, se frotter à toutes sortes de situations et d'environnements et avoir l'occasion de rencontrer d'autres personnes et d'autres animaux. Vous éviterez ainsi qu'il ne soit terrorisé par une visite chez le vétérinaire ou un séjour dans une pension pour chiens. Vous devez également lui apprendre à passer du temps seul, car on ne sait jamais : un jour, il peut être amené à devoir passer la nuit chez le vétérinaire. Enfin, donnez à votre chien la possibilité de jouer souvent avec des congénères.

Même si vous vous efforcez de comprendre votre chien et de façonner son comportement afin qu'il vive heureux au sein de la société humaine, rien ne remplace la fréquentation de ses congénères et les formidables parties de jeu qu'il peut partager avec eux. Par conséquent, n'hésitez pas à l'inscrire dans un club ou à organiser régulièrement des rencontres avec d'autres chiens du coin pour des promenades ou des jeux dans un parc. (Les fiches 37 à 48 concernent toutes la socialisation de votre chien.)

Cookie pense que les mains sont des jouets et ses morsures sont graves. Elle doit donc être rééduquée d'une façon amusante et gratifiante pour elle (et pour nous).

Les chiens aiment la compagnie de leurs congénères.

Éduquer la famille

La communication est la clé d'une relation réussie. Elle inclut une communication optimale entre toutes les personnes qui s'occupent du chien ou ont des échanges réguliers avec lui et, bien sûr, avec l'animal lui-même.

Si vous voulez travailler efficacement avec votre chien, vous devez éduquer tous les membres de la famille pour éviter que l'animal reçoive des messages contradictoires. Il n'est pas réaliste d'attendre de son chien qu'il apprenne à se comporter comme il faut si chaque membre du foyer a sa propre conception de ce qui constitue un comportement correct. Par exemple, si vous voulez qu'il apprenne à dormir seul dans la cuisine, vos enfants ne doivent pas le prendre avec eux dans leur lit parce qu'ils ont envie d'un câlin. Cela risque de désorienter complètement l'animal.

Fixer des limites

Mieux vaut prévenir que guérir et vous avez intérêt à établir quelques règles de base dès que vous accueillez l'animal chez vous. Plus tard, vous pourrez vous permettre davantage de souplesse, mais au début d'une nouvelle relation, il est préférable d'instaurer un cadre et un emploi du temps structurés qui permettent au chien d'avoir des repères sécurisants et de prendre de bonnes habitudes.

Tous les membres de la famille doivent se mettre d'accord sur l'éducation à donner au chien. Naomi apprend à Cookie à se comporter correctement à l'heure du repas pour éviter que des problèmes surviennent par la suite.

Envisager l'avenir est indispensable à une existence réussie et harmonieuse. Si vous possédez un jeune chien, n'oubliez pas qu'il grandira. Un adorable chiot, débordant de vie et d'enthousiasme, qui saute sur les visiteurs pour les accueillir, est une créature attachante à court terme, mais si votre grand-mère est renversée sur le pas de la porte par un poids lourd qui la couvre de grands coups de langue, les relations risquent de devenir tendues. Un chiot que vous cajoliez du matin au soir et qui participait à tous les événements de la vie familiale se retrouve relégué dans la cour, le jardin ou la pièce du fond en grandissant, ce qui le frustre et engendre des problèmes.

Si vous avez adopté un chien dans un refuge, rappelez-vous qu'il mène à présent une vie agréable parce qu'il est avec vous. Tous les chiens des refuges n'ont pas eu une mauvaise expérience. Rester attaché au passé ne rend pas service à l'animal et la pitié peut limiter considérablement votre capacité à lui venir en aide. Même si vous avez la certitude qu'il a subi de mauvais traitements, d'où ses problèmes actuels, il n'en reste pas moins un chien désireux d'apprendre et capable d'être rééduqué avec succès grâce aux exercices de ce livre.

Lui apprendre à rester en place

Il arrivera un moment où votre chien devra être maintenu en place – pour être examiné par le vétérinaire, par exemple, ou l'empêcher de sortir par la porte d'entrée qui débouche sur une route très fréquentée. S'il a l'habitude d'être manipulé et s'il a confiance en vous, il n'offrira probablement pas de résistance.

S'il a été correctement éduqué (fiche 11), votre chien acceptera d'être maintenu en place sans paniquer, mais ce n'est pas un bon moyen d'entamer une relation avec un chiot, car celui-ci risque de prendre peur et de s'agiter. Il y a une grande différence entre maintenir un chien en place et lui demander de rester tranquille. L'immobilisation de force incite le chiot à résister et à se débattre, et la personne qui le tient le serre alors encore plus fort, ce qui augmente sa peur. Le jeune animal va chercher à tout prix à se libérer. C'est son instinct de survie, et même un petit chiot peut faire très peur lorsqu'il se sent prisonnier.
Le Toucher Tellington (p. 35-38) est un formidable outil pour développer la confiance nécessaire. Les techniques employées ne sont pas coercitives et s'appliquent à toutes les situations, y compris au passage obligé chez le vétérinaire. Elles développent chez le chien la patience, la sérénité et la confiance dans la personne qui le manipule. Les mouvements inhabituels de cette méthode contribuent à apaiser son système nerveux et à améliorer son attention.

Les cas particuliers

Les exercices des pages 40 à 139 ont été conçus pour vous aider à éduquer des chiens de toutes sortes et de tous âges. Mais certains cas particuliers réclament une approche légèrement différente et davantage d'indulgence.

Les chiots

Vivre avec un chiot est une expérience passionnante et, grâce à une organisation minutieuse, ainsi qu'une éducation et des soins assidus, votre chiot devrait devenir un compagnon irremplaçable qui embellira votre existence pendant de nombreuses années. N'oubliez jamais que vous éduquez votre chiot à tout instant par vos réponses et vos actions. Les conseils et les techniques d'éducation proposés aux pages 52 à 100 (exercices d'éducation de niveau 1) et 101 à 116 (exercices d'éducation de niveau 2) permettront à votre chiot de devenir un adulte bien élevé, obéissant et sociable.

Les premières semaines sont importantes pour apprendre à votre chiot à réagir correctement aux stimuli, et l'environnement dans lequel il a été élevé influencera la manière dont il se comportera la première fois qu'il découvrira le monde extérieur. S'il est né dans un chenil, il n'est probablement pas habitué aux bruits quotidiens d'une maison ou d'un appartement. Inutile de vous alarmer, mais tenez compte du fait que ce qu'il voit, entend et sent chez vous constitue une nouvelle expérience pour lui.

Le clicker (p. 33-34) et le Toucher Tellington (p. 35-38) sont d'excellentes méthodes pour aider le chiot dans son apprentissage et faciliter son adaptation à de nouvelles situations, surtout s'il a pris un mauvais départ dans la vie.

Les chiots explorent naturellement ce nouvel environnement excitant pour eux par le goût et l'odorat.

L'éducation d'un chiot peut être éprouvante et les maîtres ont parfois l'impression d'être tout le temps après lui pour lui dire « Non, ne fais pas ceci, non, ne fais pas cela ! » Le docteur Ian Dunbar, vétérinaire et comportementaliste, avait raison quand il disait : « Rendez-vous à l'évidence : votre chiot fait plus souvent "mal" que "bien", alors apprenez-lui à se comporter comme vous le souhaitez et récompensez-le quand il adopte le comportement attendu ! »

Si votre chiot fait quelque chose que vous jugez inacceptable, rappelez-vous que c'est son comportement inné et qu'il ne comprend pas pourquoi il ne doit pas se comporter ainsi. Bien souvent, c'est le propriétaire de l'animal qui a involontairement – ou délibérément – déclenché des réponses indésirables par un manque de compréhension et une mauvaise éducation. Par exemple, il est peu probable qu'un chiot ayant appris à assimiler les mains et les pieds des humains à des jouets à saisir et à mordre stoppe de lui-même. Pratiquez l'exercice d'immobilisation en douceur (fiche 11), les exercices de bienvenue (fiches 6 et 15) et les nombreux exercices de jeu pour empêcher l'aggravation du problème.

Les chiots sont curieux et ramassent n'importe quel objet qui traîne.

UN PEU DE BON SENS

Les chiens sont nombreux à penser qu'ils s'appellent « Hé ! », « Hep ! » ou « Psitt ! » D'autres font la sourde oreille quand leur maître leur dit « Viens ! », mais rappliquent à toute allure quand ils entendent « C'est quoi, ça ? » ou « Bonbons ! » Malheureusement, c'est souvent le chien qui est blâmé ou puni s'il ne se comporte pas correctement. Un peu de bon sens ne fait jamais de mal, mais il faut reconnaître que cette qualité n'est pas toujours très répandue dans la société humaine.

Les foyers à plusieurs chiens

Pour les maîtres qui ont développé une vraie relation avec leurs animaux ou qui les ont éduqués, les foyers « à chiens multiples » n'ont aucune raison d'être problématiques. Deux chiens, c'est deux fois plus de joie au foyer et, si vous les éduquez, ils ne vous causeront pas deux fois plus de problèmes !

En tant que chef de groupe, c'est à vous d'aider vos chiens à établir une bonne relation entre eux :

- Faites-les se rencontrer pour la première fois sur un territoire neutre ; après, ils entreront ensemble dans la maison.

- Installez une barrière de sécurité dans la cuisine et/ou procurez-vous une cage au cas où le nouvel arrivant finisse par « casser les pattes » au résidant de longue date. Le petit nouveau disposera ainsi d'un espace de « décompression » sécurisé pour laisser souffler de temps en temps votre fidèle compagnon.

- Dès le premier jour, apprenez les règles de base et fixez des limites au nouveau venu. Par la suite, n'oubliez pas de consacrer suffisamment de temps à votre premier chien, de passer avec lui des instants de qualité en tête-à-tête, afin qu'il ne se sente pas exclu.

- Ne chargez pas votre ancien compagnon d'éduquer ou de surveiller la nouvelle recrue. Il est particulièrement important de lui éviter cela s'il manque lui-même de repères et n'a pas été éduqué.

Les foyers à plusieurs chiens ne sont pas problématiques si les animaux sont éduqués correctement. Les chiens de Sarah ont vécu auparavant dans d'autres foyers et s'entendent tous bien. Orsa est un berger de Maremme-Abruzzes, Bud, un doberman qui perdait ses poils par stress mais les voit maintenant repousser, Archie, un bâtard, et Ginny, une chienne âgée qui souffrait d'un cruel manque de soins. Aujourd'hui, elle se porte bien, mais ne retrouvera jamais un beau poil.

Cookie et Chilli se rencontrent en territoire neutre – leurs maîtresses commencent par marcher l'une à côté de l'autre.

Elles changent de position pour permettre aux chiens de marcher côte à côte, mais à une distance raisonnable.

Clara et Marie laissent les deux chiens se saluer calmement et sans être obligées de tirer sur leur laisse. Cookie et Chilli font connaissance de la meilleure façon possible.

• Veillez à ce que votre nouveau chien tisse avec vous son lien le plus fort. Limitez ses contacts non surveillés avec l'autre ou les autres chiens et les parties de jeu déchaînées durant les premiers jours ; il est de votre responsabilité d'apprendre au nouveau membre de l'équipe à bien se conduire, à se tourner vers vous pour attendre vos ordres et à vous considérer comme le leader.

• Rappelez-vous vos années d'école et ce que vous disaient vos professeurs lorsque vous copiiez sur vos petits camarades. On n'apprend rien en copiant sur son voisin, et, si votre nouveau compagnon se contente de suivre son ou ses copains au moment du rappel, il sera complètement perdu le jour où il se retrouvera seul.

• Si le ou les chiens du foyer sont incapables de remédier au comportement inadéquat du nouvel arrivant, intervenez et mettez ce dernier à l'écart pendant quelques minutes. Ce n'est pas pour le punir, mais pour empêcher l'autre ou les autres de prendre de mauvaises habitudes comportementales dans le but de se protéger. Si vous êtes vigilant dans ce genre de situation, le nouveau venu va apprendre l'art de l'autocontrôle et se comporter correctement avec ses congénères.

Une fois les présentations faites, les deux chiens prennent plaisir à jouer ensemble.

Les chiens doivent aussi apprendre à marcher tranquillement ensemble et à respecter l'espace de l'autre.

Les chiens sourds ou aveugles

La plupart des chiens commencent à voir et/ou à entendre moins bien en vieillissant, mais certains ont une mauvaise vue et/ou une mauvaise audition dès la naissance. Une bonne conscience de leur corps est primordiale pour de tels chiens, d'où les bienfaits énormes que le Toucher Tellington (p. 35-38) peut leur apporter.

Gardez à l'esprit qu'un chiot né sourd ne connaît rien d'autre. Cherchez d'abord à le comprendre d'après la race à laquelle il appartient. Certes, vous allez devoir modifier certains éléments de son éducation, dont le rappel au sifflet et l'usage du clicker, mais vous lui apprendrez à vous regarder et il saura qu'il doit revenir par un signal visuel – quand vous pointez votre index vers votre œil, par exemple. Les signaux gestuels sont décrits dans de nombreux exercices et vous pouvez les utiliser à la place du clicker pour apprendre à votre chien les ordres de base et lui faire savoir qu'il s'est bien comporté. Vous pouvez aussi utiliser un petit drapeau coloré pour attirer son attention et lui apprendre les signaux visuels (fiche 9). Pensez à la torche électrique pour lui enseigner le rappel – un bon moyen de le faire revenir la nuit dans le jardin. Évitez de le toucher quand il dort. Placez de la nourriture sous son nez pour le réveiller doucement sans le faire sursauter.

Certains chiens naissent avec des tares visuelles qui peuvent ne pas être décelées et poser problème lors de l'apprentissage de la propreté – le chien se montre alors réticent à aller faire ses besoins dans le jardin dès qu'il fait nuit. Ces défauts visuels peuvent être douloureux. Si vous avez un doute, conduisez votre chien chez le vétérinaire.

Si la vue de votre chien baisse, vous pouvez utiliser une bande élastique que vous enroulez autour de son corps pour l'aider à mieux prendre conscience de l'espace (fiche 10). Parlez-lui et apprenez-lui des signaux verbaux avec le clicker pour tourner à gauche, à droite, etc. N'oubliez pas qu'il possède un excellent odorat, à défaut de bien voir, alors stimulez son intérêt par les jeux éducatifs interactifs de Nina Ottosson (fiches 32, 33, 75, 76).

Colin est né sourd et a atterri dans un refuge. Incroyablement intelligent, il adore apprendre. Il a été adopté par Sarah et, aujourd'hui, c'est un formidable compagnon, très apprécié au sein de sa nouvelle famille.

Comment éduquer votre chien ?

Cette deuxième partie renferme un large éventail de jeux, d'exercices préparatoires à la bonne gestion d'obstacles, d'exercices corporels et d'exercices d'apprentissage qui encouragent votre chien à utiliser ses sens, son corps et son intelligence. Ces exercices sont fondés sur le programme que Marie Miller applique depuis plus de vingt ans dans ses cours d'éducation canine, mais vous trouverez également des exercices supplémentaires pour multiplier les modes d'interaction avec votre chien.

Les exercices proposés sont divisés en trois catégories validées par un diplôme d'éducation de niveau 1, 2 et 3 (p. 39) – ces diplômes ont une valeur ludique et ne s'inscrivent absolument pas dans un esprit de compétition. L'objectif est de progresser lentement dans chaque catégorie d'exercices pour encourager votre chien à travailler avec vous, stimuler son intelligence et l'aider à apprendre un large éventail de comportements souhaitables dans une ambiance agréable et ludique pour vous deux. Veillez à ce que votre chien comprenne parfaitement ce que vous lui demandez en prenant votre temps, et ne soyez pas tenté de brûler les étapes pour prouver que vous possédez le chien le plus intelligent du monde.

Il est amusant, pour vous et votre chien, d'intégrer dans le programme éducatif des sauts et d'autres exercices préparatoires à la bonne gestion d'obstacles. Ici, Jo et Monty s'entraînent sur la plage.

Bien démarrer

Vous n'êtes tenu à aucun délai pour accomplir chaque exercice ou catégorie d'exercices, si ce n'est que vous devez travailler régulièrement avec votre chien pour l'empêcher de s'ennuyer. Les chiens aiment la réussite, comme nous, et plus vous consacrerez de temps à l'éducation de votre animal, plus il apprendra vite. Les activités mentales peuvent être fatigantes et plusieurs séances courtes réparties dans la journée sont largement préférables à une seule longue séance. Si votre chien ne sait plus où il en est à un moment donné, ou se désintéresse de l'exercice, reprenez un exercice plus facile, puis accordez-lui une pause ou une séance relaxante de Toucher Tellington (p. 35-38).

Être réaliste

Certes, les chiens sont des animaux intelligents et faciles à éduquer, mais ils ont aussi leurs idées, leurs sentiments, leurs désirs et leurs besoins. Les humains leur demandent souvent d'avoir un comportement cohérent, ce qui est à la fois injuste et irréaliste. Même un chien parfaitement éduqué peut ne pas toujours réagir au signal donné, et le chien le plus civilisé du monde peut soudain être pris d'une envie irrépressible de commettre des actes de vandalisme ! Les chiens traversent différentes phases de développement, exactement comme les enfants, et même si votre chiot a bien appris à obéir au rappel, il risque d'ignorer vos ordres à l'adolescence (entre 5 mois et 2 ans et demi). C'est une étape normale de son évolution.

Les exercices suivants vous aideront à faire de votre chien un animal bien élevé et agréable à vivre. Apprenez à faire la différence entre les sentiments que vous avez à son égard et les émotions déclenchées par son comportement. Restez calme, motivé, soyez tolérant et prenez plaisir à l'éduquer.

LUI FAIRE COMPRENDRE QU'IL A MAL FAIT

Rien ne sert de crier après votre chien, de le menacer ou de le frapper. Là où la compréhension s'arrête, la violence commence ; les réprimandes brutales sont non seulement désagréables et inutiles, mais elles détériorent la qualité des relations avec l'animal. Une fois que le chien a intégré les limites et appris les réponses souhaitables, une parole ferme pour lui dire qu'il se comporte mal, suivie de félicitations (et d'une friandise si nécessaire) au moment où il cesse de mal se conduire, suffit.

Fluffy range son matériel de jardinage. Les chiens aiment le travail et les jeux leur offrent la stimulation mentale dont ils ont besoin.

Les signaux verbaux

C'est à vous de choisir les mots que vous emploierez pour enseigner les ordres de base à votre chien. L'essentiel est qu'ils soient clairs et simples. Si quelqu'un d'autre s'occupe de lui, il est préférable de lui enseigner des signaux verbaux largement répandus.

L'usage du clicker et du TTouch

Si vous voulez pratiquer les exercices de ce livre, il est recommandé de connaître les principes de l'apprentissage par le clicker, du Toucher Tellington, ou TTouch, ainsi que de l'apprentissage par l'appât et la récompense. Ce sont toutes d'excellentes méthodes. Vous trouverez une introduction à ces techniques dans les pages qui suivent.

Important

La fuite, la lutte, l'immobilisation, « faire le mort » et faire le pitre sont cinq réponses instinctives à des stimuli. Beaucoup de chiens s'immobilisent lorsqu'ils sont désorientés, menacés ou dans l'incertitude, ce que le maître peut interpréter à tort comme de la désobéissance ou de l'acceptation.

L'apprentissage par le clicker

Cet apprentissage est excellent parce qu'il fait comprendre très vite au chien qu'il apprend comme il faut. Il diffère de l'apprentissage par l'appât et la récompense où le chien est motivé uniquement par la friandise. Le clicker est un petit dispositif actionné au pied ou à la main qui émet un « clic ».

Le clicker ne doit jamais être utilisé pour attirer l'attention du chien, mais pour signaler un comportement que vous aimeriez qu'il répète. Il doit y avoir un intervalle très court entre le clic et la délivrance de la récompense pour un effet optimal. Le bruit du clicker signale la fin d'un comportement souhaitable et votre chien ne va pas tarder à apprendre qu'il doit le réitérer pour vous inciter à cliquer et le récompenser à nouveau. Pour mieux comprendre la méthode, pensez qu'en cliquant vous prenez une photo de ce que votre chien fait à un moment précis. Qu'aimeriez-vous voir sur la photo ?

Introduire le clicker

Commencez par inciter le chien à adopter un nouveau comportement en lui présentant un « appât » plusieurs fois de suite, puis attendez qu'il affiche ce comportement avant de cliquer. Par exemple, si vous apprenez à votre chien à s'asseoir sur commande, agitez quelque chose de bon à manger au-dessus de sa tête, cliquez dès qu'il s'assied, puis récompensez-le. Il va apprendre rapidement à s'asseoir sans l'appât.

Vous pouvez aussi actionner le clicker lorsque votre chien adopte naturellement un comportement que vous ne lui avez pas demandé. Par exemple, s'il a la mauvaise habitude de sauter en l'air, cliquez avant que ses membres antérieurs décollent du sol et jetez sa récompense par terre. Il va vite comprendre qu'il ne reçoit aucune attention s'il saute, mais une récompense s'il garde les quatre pattes au sol.

LE CLICKER EN PREMIER

Un signal verbal ne s'utilise pas avant que le chien ait appris le nouveau comportement souhaité et le manifeste systématiquement. Si ce signal est introduit trop tôt, un comportement encore incertain sera validé et la réponse du chien au signal ne sera jamais totalement cohérente. (Voir aussi les signaux verbaux, page ci-contre.)

L'activité mentale peut être fatigante. Marie et Maisie font une pause et s'offrent une séance de TTouch.

Gérer les échecs

L'apprentissage par le clicker est très amusant, surtout si vous prenez votre temps et veillez à ce que votre chien comprenne ce que vous lui demandez. Toutefois, il arrive un moment où nos chiens doivent comprendre que nous ne sommes pas seulement des distributeurs de friandises et qu'ils doivent s'impliquer vraiment pour mériter un clic et une récompense. Si votre chien se contente de regarder fixement votre poche ou votre sac à friandises en aboyant, mettez les récompenses dans un pot ou un sac que vous déposez un peu plus loin de sorte qu'il puisse les voir sans pouvoir les atteindre. Lorsqu'il détourne son regard des friandises, cliquez puis récompensez-le en en sortant une. Répétez cet exercice jusqu'à ce qu'il s'aperçoive qu'il est inutile de lorgner les friandises ; il doit se concentrer sur ce que vous lui donnez à faire pour mériter le clic et la récompense.

On peut apprendre ou valider des comportements sans le vouloir. Marie et Fluffy ont appris ensemble la méthode du clicker. Bon exemple d'une erreur de signal : lorsque Marie dit « Recommence ! », Fluffy fait une révérence. Fluffy a entendu ce signal plusieurs fois lorsqu'elle essayait de comprendre un comportement et s'inclinait en avant. Marie pensait lui enseigner quelque chose de totalement différent !

CLIQUER À DISTANCE

Veillez à actionner le clicker à une distance raisonnable de la tête de votre chien, car il fait du bruit. Ne l'essayez pas sur vous – honnêtement, c'est très désagréable et vous risquez des bourdonnements d'oreilles.

Au début, Sally suit des yeux la friandise pour apprendre à s'asseoir sur commande.

Layla apprend à suivre et toucher la baguette colorée.

Le Toucher Tellington (TTouch)

Par l'intermédiaire du toucher, le TTouch envoie des informations positives au système nerveux du chien et a toute sa place dans l'éducation canine.

Le TTouch est un outil éducatif à part entière ; de plus, il s'associe avec succès à d'autres techniques. Certes, il est encore très peu répandu en France, mais il connaît une progression rapide. Les exercices préparatoires aux obstacles et les exercices corporels varient un peu les séances d'éducation et améliorent l'équilibre, la coordination et la maîtrise de soi. (Voir aussi p. 141.)

Une bande élastique (fiche 10) permet de mieux soutenir l'attention de Layla et de poursuivre le jeu éducatif.

Les bienfaits du TTouch sont multiples. Il contribue à diminuer la fréquence de comportements indésirables tels les tractions sur la laisse, la sensibilité au bruit, les phobies, les aboiements intempestifs et les comportements réactionnels à l'égard des humains et d'autres animaux. Il réduit le stress chez les chiens qui vivent dans des chenils. Les chiens qui bénéficient du TTouch voient leur concentration, leur motivation et leurs capacités d'apprentissage considérablement améliorées.

Même les nouveaux pratiquants peuvent obtenir d'excellents résultats avec des connaissances relativement sommaires. Ne forcez jamais votre chien ; s'il n'aime pas le TTouch, vérifiez votre technique ou essayez d'utiliser le dos de votre main pour faire bouger la peau.

Vous pouvez utiliser les touchers suivants dans le cadre d'une séance d'éducation et pour établir un contact agréable avec votre chien. Une fois que vous les aurez appris, pour votre plus grand plaisir et le sien, prenez le temps de les enseigner à d'autres membres de votre famille et à vos amis.

À QUEL RYTHME ?

Le rythme auquel vous travaillez varie selon la réponse du chien et la situation. Pour apaiser un chien nerveux ou hyperactif, favoriser sa détente et sa concentration, pratiquez des touchers assez lents. Si votre chien est peu sûr de lui ou fatigué, essayez de travailler un peu plus vite au début.

Layla est une jeune chienne terrier issue d'un refuge. Elle a pris la mauvaise habitude de mordre lorsqu'elle est surexcitée. Le TTouch a fait partie intégrante de sa rééducation. Marie utilise une bande élastique pour calmer cette créature excitable !

Le TTouch transmet des informations utiles au système nerveux du chien.

Le toucher des oreilles est un excellent moyen de communiquer avec votre chien.

Le toucher des oreilles

Il s'agit là d'une excellente façon d'établir une relation avec son chien – la plupart des maîtres caressent d'ailleurs naturellement les oreilles de leur compagnon.

1. Votre chien est tranquillement assis ou debout à côté de vous. Tenez son oreille doucement mais fermement. S'il a des oreilles pendantes, travaillez vers le bas, et si elles sont pointues, caressez-les de la racine vers l'extrémité.

2. Déplacez légèrement votre main à chaque caresse pour couvrir l'ensemble de l'oreille. Travaillez doucement mais avec conviction. Si vos gestes sont trop hésitants, vous risquez de rendre votre chien nerveux.

3. Un point particulièrement sensible se trouve au bout de l'oreille ; travaillez-le en effectuant des mouvements circulaires entre le pouce et l'index. Ce toucher fait beaucoup de bien aux chiens qui ont subi un traumatisme, ont les extrémités des oreilles froides et possèdent un tempérament nerveux.

Orsa adore le TTouch.

Vous pouvez pratiquer le toucher de la Panthère nébuleuse autour du museau dans le cadre du toucher de la gueule et du museau (p. 38).

La Panthère nébuleuse

Les Touchers Tellington se divisent en trois catégories : les mouvements circulaires, les effleurages et les décollements. Le toucher appelé « Panthère nébuleuse » est à la base de tous les touchers circulaires.

Les Touchers Tellington agissent sur le système nerveux et, par conséquent, ne réclament qu'une faible pression pour être efficaces. Pour connaître le degré de pression à appliquer dans tel ou tel toucher, nous utilisons une échelle de 1 à 10. Posez délicatement votre pouce sur votre joue et le bout de vos doigts sur votre pommette. Effectuez des mouvements circulaires aussi légers que possible sur votre pommette, sans frotter et en sentant à peine l'os. C'est une pression de niveau 1. Répétez ce geste sur votre avant-bras en vérifiant l'absence de creux sur la peau à l'endroit de la pression. Si vous appliquez un toucher circulaire sur votre pommette un peu plus appuyé pour sentir l'os, vous avez une pression de niveau 3. Avec une pression 3 sur l'avant-bras, vous observez un léger creux à l'endroit de la pression. Si vous la multipliez par deux, vous obtenez une pression de niveau 6. Les touchers de la Panthère nébuleuse impliquent généralement une pression de 2 ou 3 selon la préférence du chien et la zone travaillée.

1. Visualisez une montre de 1 cm de diamètre sur le corps de votre chien. Pendant que l'une de vos mains tient la laisse ou le collier, ou repose sur son corps, posez les doigts de l'autre main sur le 6 de votre montre imaginaire.

2. Les doigts légèrement repliés, effectuez une rotation de 1 heure et 10 minutes dans le sens des aiguilles d'une montre en exerçant une pression constante. Lorsque vous arrivez au 8, maintenez la pression une seconde, puis déplacez votre main à un autre endroit du corps et répétez l'exercice.

3. Veillez à ce que vos doigts fassent bouger doucement la peau au lieu de glisser sur les poils. Vérifiez que votre chien est détendu avant de travailler une autre zone. Vous pouvez pratiquer la Panthère nébuleuse sur l'ensemble du corps, en modifiant si besoin la position de votre main pour suivre les contours du corps.

4. Pensez à respirer. Retenir son souffle raidit le corps et influe négativement sur le toucher.

AUTRE MÉTHODE

Si votre chien n'aime pas ce toucher, essayez les rotations dans le sens inverse des aiguilles d'une montre ou de légers zigzags (p. 38).

Le toucher de la gueule et du museau a pour principal bienfait de relaxer le chien.

Le toucher de la gueule et du museau

Travailler autour du museau du chien est un excellent moyen de l'aider à apprendre. Le toucher de la gueule et du museau contribue à limiter les aboiements excessifs et l'hypersensibilité, tout en améliorant l'attention et la concentration.

1. Vous êtes debout derrière votre chien ou assis sur une chaise, votre chien étant lui-même assis ou debout. S'il tourne la tête pour vous regarder, stoppez aussitôt l'exercice.

2. Soutenez sa tête d'une main et, avec le dos de l'autre, caressez son museau et un côté de sa face.

3. Si votre chien est nerveux, utilisez au début un autre outil que votre main – par exemple, un pinceau souple ou un gant en peau de mouton.

4. Si votre chien semble apprécier, poursuivez l'exercice par le toucher de la Panthère nébuleuse. Effectuez des mouvements circulaires autour des muscles de la mâchoire et sur la lèvre supérieure.

5. Glissez l'extrémité de votre doigt sous sa lèvre et massez doucement ses gencives. Humidifiez votre doigt si votre chien a la bouche sèche.

6. Si votre chien est content, travaillez aussi les gencives du maxillaire inférieur. Changez de main et travaillez l'autre côté de sa face.

Les zigzags

Ce toucher est efficace pour échauffer et relaxer le chien avant et après un travail physique ou une compétition. Il constitue aussi un bon moyen d'accéder à des zones de son corps hypersensibles au moindre contact. Il fait beaucoup de bien aux chiens qui s'immobilisent soudainement (p. 32) ou qui n'ont pas assez conscience de leur arrière-train.

1. Vous êtes debout à côté de votre chien, lui-même debout ou assis. Posez votre main sur son épaule et décrivez des zigzags le long de son dos en écartant les doigts lorsque vous éloignez votre main et en serrant les doigts lorsque vous ramenez votre main.

2. Exercez une pression légère mais suffisante pour éviter de chatouiller l'animal.

3. Changez de côté et répétez l'exercice.

Les zigzags améliorent la conscience corporelle, soulagent les tensions musculaires et atténuent la fatigue.

Quelle est notre démarche ?

Au fil des pages suivantes (p. 40 à 139), vous trouverez les exercices qui vous aideront à créer l'entente parfaite avec votre chien – ou, du moins, plus réussie. Ces exercices ont été divisés en plusieurs catégories qui les rendent plus amusants et plus faciles à gérer. Ils n'ont pas besoin d'être pratiqués dans un ordre particulier – leur seul but est de vous aider à développer une relation privilégiée avec votre chien.

Comportements de base

Ces exercices, qui débutent page 40, enseignent au chien les comportements les plus fondamentaux à acquérir. Il est faux de croire que votre chien sait automatiquement ce que vous attendez de lui. Combien de chiens ont rencontré des problèmes parce qu'ils n'étaient pas télépathes ! (Voir aussi Un peu de bon sens p. 26.)

Exercices de niveau 1

Ces exercices, qui débutent page 52, enseignent au chien les bases de l'éducation, dont l'obéissance aux ordres « Assis ! », « Viens ! », « Couché ! », « Lâche ! », et incluent quelques jeux amusants, ainsi que des exercices préparatoires à la bonne gestion d'obstacles.

Exercices de niveau 2

Ces exercices, qui débutent page 101, sont la progression logique des exercices précédents et introduisent, entre autres, l'obéissance aux ordres « Pas bouger ! » et « Rapporte ! » Ils vous montrent comment intégrer d'autres personnes dans la vie de votre chien.

Exercices de niveau 3

Ces exercices, qui débutent page 117, vont encore plus loin. Ils font découvrir au chien de nouveaux jeux amusants et des exercices plus difficiles tels que s'asseoir et se coucher hors de la vue de son maître, obéir au rappel en poursuite, rechercher des jouets ou des friandises cachés et faire des lacets entre les jambes d'une personne.

L'habituer à la cage

Donner un espace personnel sécurisé à son chiot ou son chien pendant de courtes périodes offre de nombreux avantages. De plus, votre animal peut, un jour, être obligé de séjourner chez le vétérinaire ou dans une pension canine. S'il a été habitué à passer du temps dans sa cage, il risquera moins de souffrir d'être enfermé dans un lieu inconnu.

Si vous partez avec votre chien, vous pouvez emporter sa cage, un espace qui lui est familier. Si vous séjournez quelque temps chez de la famille, vous pourrez l'y laisser sans surveillance quelques heures en sachant qu'il ne saccagera pas toute la maison. Les hôtels interdisant l'accès des chiens au restaurant, la cage vous apportera une tranquillité d'esprit pendant votre repas et vous évitera d'avoir à payer une note salée si votre compagnon détériore la chambre. Surtout qu'il n'est pas envisageable de laisser son chien dans la voiture l'hiver ou l'été.

Les enfants qui vivent avec un chien ont, eux aussi, besoin qu'on leur fixe des limites et doivent apprendre à laisser l'animal tranquille quand il se repose dans sa cage, que la porte soit ouverte ou fermée.

L'utiliser à bon escient

N'oubliez surtout pas qu'un chien peut passer la nuit dans sa cage, mais ne doit pas rester enfermé dans un espace aussi réduit pendant de longues périodes au cours de la journée. Si vous voulez faire de lui un individu heureux et équilibré, bannissez ce type de confinement. Un chien doit considérer sa cage comme un endroit sûr, où il apprécie d'aller de temps en temps, et non comme une prison, où son maître l'envoie quand il semble lui en vouloir pour une raison qu'il ne comprend pas (les chiens ne comprennent pas toujours notre logique, voir p. 12-13).

Veillez à ce qu'il ait toujours de l'eau à sa disposition dans sa cage.

L'apprentissage de la cage permet de garder un chiot en sécurité. Ne vaut-il pas mieux le voir dans sa cage avec un bon petit os ou un Kong® rempli de friandises que le surprendre à mâchouiller des fils électriques ?

Quand votre chien semble fatigué, incitez-le à entrer dans sa cage, mais en laissant la porte entrouverte.

Le familiariser avec la cage

1. Placez le couchage de votre chien et une gamelle bien remplie dans la cage. Lorsqu'il s'est bien dépensé et montre des signes de fatigue, encouragez-le à entrer dans sa cage avec un jouet à mâcher ou un Kong®, mais laissez la porte entrouverte. À ce stade, l'intérieur de sa cage est le seul endroit où vous devez lui donner des objets intéressants à mâcher.

2. Dès que votre chien semble heureux d'aller dans sa cage, fermez la porte pour l'enfermer en toute sécurité durant de courtes périodes.

Que faire s'il refuse la cage ?

1. Si votre chien semble vraiment détester sa cage et n'y va même pas pour dîner, remplissez sa gamelle d'un aliment dont il raffole et placez-la dans la cage. Fermez la porte pour lui montrer qu'il n'y a pas accès.

2. Dès que vous voyez qu'il est prêt à tout pour accéder à cette nourriture tant convoitée, ouvrez la porte et ne la refermez pas derrière lui.

3. Répétez l'exercice jusqu'à ce que votre chien soit content de faire des allées et venues dans sa cage, et suffisamment en confiance pour s'y installer avec son jouet. À ce stade, vous devriez pouvoir fermer la porte pour de courtes périodes, si nécessaire.

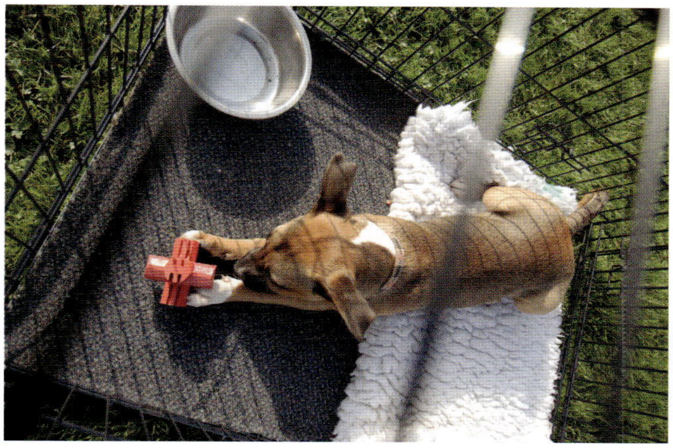

Cookie s'est installée dans sa cage et mâche tranquillement son jouet.

Cookie devient folle de ne pas pouvoir accéder à l'objet de ses désirs !

Voir aussi… 2 7 11

2

Lui apprendre la propreté

L'apprentissage de la propreté n'est pas si difficile que cela et peut être rapide si vous êtes observateur et veillez à ce que votre chien soit accompagné à l'extérieur pour faire ses besoins. Le chien est très attaché à ses habitudes et vous pouvez lui apprendre à se soulager non seulement dans un coin précis du jardin, mais aussi sur commande, ce qui peut être très utile, surtout quand vous n'êtes pas chez vous.

Un chiot a généralement besoin de se soulager au réveil, après le repas et après (ou pendant) une partie de jeu endiablée. Soyez attentif à ses signaux – lorsqu'il tourne en rond ou renifle le sol. Conduisez-le rapidement mais calmement à l'extérieur et restez neutre pour ne pas le distraire. Récompensez-le par une friandise quand il fait ses besoins au bon endroit. Dès qu'il commence à comprendre pourquoi vous l'avez fait sortir, donnez-lui un signal verbal pas trop fort (p. 32) au moment où il se soulage.

Plus vos récompenses seront fréquentes, plus votre chiot apprendra vite à être propre et à demander de sortir pour faire ses besoins. Si vous avez adopté un chien adulte déjà propre, dites-vous qu'il ne sait pas automatiquement où vous voulez qu'il fasse ses besoins. Habituez-le à aller toujours au même endroit et récompensez-le s'il y fait ses besoins.

Tolérer les petits accidents

Si votre animal se soulage là où il ne faut pas dans la maison, endossez la responsabilité de cet accident et soyez plus observateur à l'avenir. Si vous grondez votre chiot, il va être désorienté, pensant que vous condamnez le fait qu'il fasse ses besoins et non l'endroit où il les fait. Cela risque de l'inciter à trouver une bonne cachette pour se soulager (derrière le canapé) ou, pire, à manger ses excréments.

DU COURAGE !

S'il fait un temps de chien (excusez le jeu de mots !) et que vous poussez votre animal dehors, ne soyez pas surpris de le voir assis sur le pas de la porte à geindre. Si vous revenez sur votre décision et le laissez rentrer, ne soyez pas non plus surpris qu'il se soulage devant vous sur-le-champ. Ce n'est pas de sa faute – il ignorait ce qu'il était censé faire. Alors, soyez courageux, enfilez votre manteau et accompagnez-le dehors jusqu'à ce qu'il soit propre !

CONSEIL DE NETTOYAGE

Nettoyez les dégâts avec un détergeant pour éliminer l'odeur. Appliquez le produit, laissez sécher, puis rincez à l'eau froide.

Veillez à donner à votre chien de fréquentes occasions de faire ses besoins dehors.

Voir aussi… 1 7 8

… et les règles du « bien manger »

3

C'est à vous de décider quand, où et avec quoi vous allez nourrir votre chien. Celui-ci peut se montrer terriblement craquant et malin lorsqu'il tente d'obtenir son repas avant l'heure, mais si vous récompensez son entreprise de séduction et cédez à tous ses caprices, ne vous étonnez pas s'il vous saute dessus.

Déterminez l'heure des repas et les menus de votre chien, tout en sachant que certains aliments peuvent susciter des comportements indésirables chez certains chiens.

Lui imposer des règles

Choisissez une nourriture saine et équilibrée, remplissez sa gamelle et laissez-la à sa disposition pendant 10 minutes. Si elle est vide passé ce délai, nettoyez-la et ne donnez plus rien à votre chien jusqu'au prochain repas. Votre animal risque vite de devenir difficile et de prendre de mauvaises habitudes si vous ne lui fixez pas de règles.

Ne lui donnez pas les restes de votre assiette pendant votre repas. Si vous cédez, ne soyez pas surpris qu'il bave sur vos jambes pendant que vous mangez ou – pire – sur celles de vos visiteurs.

PAS DANS SON ASSIETTE ?

Si votre chien a l'habitude de manger dès que vous posez sa gamelle au sol, vous saurez immédiatement quand il ne va pas bien (il ne touche pas à son assiette) et nécessite d'être conduit chez le vétérinaire.

Voir aussi… 4 5 6

4 Lui apprendre à ne pas se ruer sur sa gamelle

Les chiens doivent apprendre les bonnes manières vis-à-vis de leur gamelle et de leur nourriture. L'apprentissage par le clicker trouve parfaitement sa place ici (p. 33-34).

1. Versez un peu de nourriture dans sa gamelle et tenez-la devant vous, à hauteur de la poitrine. Votre chien ne va pas manquer d'accourir et de lever les yeux vers son écuelle : ne dites rien, et lorsqu'il recule, appuyez sur le clicker et récompensez-le. Soyez patient et répétez l'exercice jusqu'à ce qu'il apprenne à reculer suffisamment.

2. Commencez à approcher la gamelle du sol. S'il se précipite vers vous, ne dites rien, remontez la gamelle et attendez qu'il recule, puis cliquez et récompensez. Si vous lui avez déjà appris le signal « Va ! » (fiche 14), vous pouvez l'utiliser ici. Restez patient et répétez cet apprentissage jusqu'à ce que votre chien sache rester à distance de son écuelle, même quand celle-ci est par terre.

Marie récompense Cookie pour s'être reculée de son écuelle et s'être assise.

Naomi passe à l'étape suivante. Cookie ayant appris le signal « Va ! », Naomi l'applique ici et fait une pause pour lui apprendre à se contrôler. Elle l'autorisera ensuite à s'approcher de son assiette.

Voir aussi... 3 5 6

… et à manger en confiance

Il est déconseillé de confisquer la gamelle de son chien pendant qu'il mange, histoire de lui montrer qui est le patron ! En réalité, cela risque de stresser le chien et d'induire chez lui un trouble appelé « syndrome du côlon irritable ». Sans le vouloir, on apprend à l'animal à grogner et à garder jalousement sa nourriture.

5

COMPORTEMENTS DE BASE

Naomi aide Cookie à comprendre qu'une personne qui se tient près de sa gamelle pendant qu'elle mange représente une forme de récompense.

Être juste envers son chien

Soyons réalistes : nous serions nombreux à ne pas supporter qu'on nous retire brusquement notre assiette. Il est donc important d'encourager son chien à avoir confiance dans les personnes qui se tiennent près de son écuelle quand il mange. Un moyen simple et efficace de lui donner confiance est d'ajouter quelques délicieuses friandises dans son écuelle pendant qu'il mange. Votre chien ne tardera pas à associer les personnes à côté de sa gamelle à l'idée de récompense. Ainsi, vous ne rencontrerez aucune résistance le jour où vous devrez lui ôter son assiette pour une bonne raison.

Cet exercice offre l'avantage supplémentaire d'apprendre au chien à se comporter comme il faut à l'égard de la nourriture au milieu de congénères.

Voir aussi… 3 4 6

6 Lui apprendre à manger dans la main

De nombreux chiens saisissent brutalement leur nourriture dans la main de leur maître, ce qui est à la fois désagréable et douloureux. Il faut donc leur apprendre la douceur et la confiance lorsqu'il s'agit de prendre la nourriture qui leur est offerte. Même si c'est le cas de votre chien, vous pouvez lui enseigner les bonnes manières grâce à cet exercice.

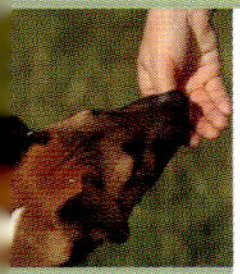

Aïe ! Cookie dévorerait votre main pour une friandise !

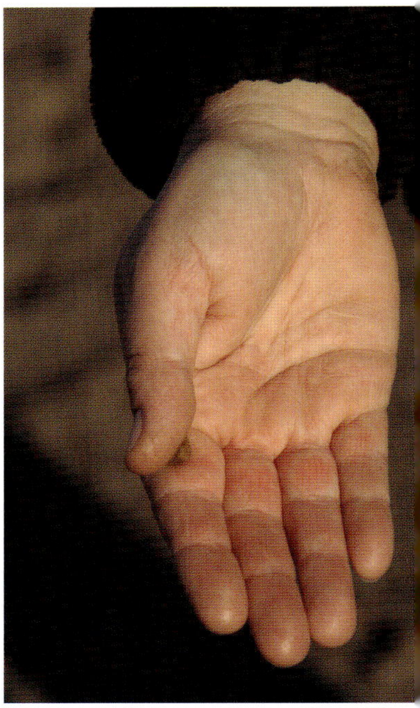

Présentez votre main, en cachant la friandise sous le pouce.

Cookie apprend que le seul moyen d'obtenir sa friandise est de se montrer douce.

1. Paume de main vers le haut, cachez une friandise sous votre pouce et offrez-la à votre chien.

2. S'il tente de s'en emparer, résistez et ne relâchez votre pouce que s'il essaie de prendre la friandise dans sa gueule plus lentement et plus délicatement.

«VA !»

Si votre chien prend vos vêtements ou vos mains dans sa gueule dès qu'il détecte la présence d'une friandise, enseignez-lui le signal « Va ! » (fiche 14).

Voir aussi... 7 14 21

Utiliser des récompenses efficaces

7

Toutes les récompenses n'ont pas la même valeur aux yeux des chiens. Certains travaillent pour obtenir de la nourriture, d'autres pour un jeu avec un jouet spécifique et d'autres encore valorisent les deux. Sans oublier, bien sûr, les félicitations verbales et le contact physique.

Classez les récompenses alimentaires que vous donnez à votre chien selon leur valeur. Par exemple, il peut obéir au rappel à la maison, mais dehors, avec toutes les distractions qui l'entourent, vous pouvez être obligé de lui offrir une récompense plus précieuse à ses yeux tel un petit morceau de sa nourriture favorite. Cela vaut aussi pour ses jouets. Découvrez le jouet le plus apprécié de votre chien et, quand vous travaillez avec lui, variez les jouets pour soutenir son intérêt.

L'essentiel est de se rappeler qu'une récompense doit être une véritable récompense pour le chien et, par conséquent, adaptée à la fois à un environnement spécifique et au moment précis où vous voulez le faire réagir.

Si votre chien prend ses repas à des heures régulières (fiche 2), les récompenses alimentaires supplémentaires que vous lui offrez n'en auront que plus de valeur. De même, quelques jouets que vous sortez uniquement pour jouer avec lui et rangez alors qu'il a encore envie de jouer seront plus convoités que le vieux jouet qui traîne tout l'hiver dans le jardin.

CE QUI EST RARE EST PRÉCIEUX

Ne laissez jamais de la nourriture et toute la panoplie de jouets à disposition de votre chien, car il risque de perdre tout intérêt aux récompenses que vous lui donnez. S'il a tout ce qu'il veut constamment à sa portée, pourquoi serait-il motivé à travailler pour les mériter ?

Votre chien peut ne pas venir pour un biscuit s'il est distrait par autre chose…

Si c'est le cas, offrez-lui une récompense à laquelle il attribue une valeur plus grande (n'allez pas jusqu'à acheter un rôti de bœuf !).

Voir aussi… 6 8 9

8 Entraîner votre voix

Les chiens ont une ouïe très développée et sont capables de percevoir les sons et les hauteurs de son les plus variés. Comme les gens, ils sont sensibles aux félicitations verbales et à une voix captivante, bien rythmée. Ils sont beaucoup plus réceptifs à l'apprentissage si leur maître utilise efficacement sa voix.

Essayez d'inciter votre chien à réagir à un chuchotement dans un endroit calme. Vous pourriez être étonné de voir à quel point un chien qui fait la sourde oreille peut devenir attentif et concentré si vous variez votre mode de communication verbale. Mais quand vous lui donnez un signal oral, laissez-lui le temps d'entendre et de comprendre votre demande pour pouvoir y répondre.

De nombreux maîtres tombent dans le piège soit de parler trop, soit de ne pas féliciter assez leur chien pendant les séances d'éducation. Une voix faible, plate et monotone, ou des ordres donnés d'un ton sec et bourru ont peu de chance de motiver votre chien ; ils risquent même d'inciter l'animal à se replier sur lui-même, à devenir distant ou apathique. À l'inverse, une voix haut perchée et un débit qui révèle un état d'excitation permanent risque de surexciter ou de dérouter le chien.

Évidemment, les expressions faciales suivent l'intonation de la voix, et une intonation morne, terne et ennuyeuse ne va guère motiver votre animal. Même si votre chien est sourd (p. 29), vous pouvez quand même utiliser votre voix pour le féliciter et l'encourager, car il apprendra à décoder votre langage corporel et à réagir à vos mimiques.

Soyez positif

C'est beaucoup plus agréable pour vous comme pour votre chien si vous employez des mots positifs plutôt que négatifs et si vous lui faites savoir ce que vous attendez de lui au lieu de vous focaliser sur ce qu'il ne fait pas bien. Par exemple, s'il fait du bruit, demandez-lui de rester calme en adoptant vous-même un ton calme au lieu de lui crier « Arrête d'aboyer ! » Ce sera plus clair pour lui.

SILENCE !

Si vous utilisez le clicker pour lui apprendre un nouveau comportement, ne parlez pas ou n'ajoutez pas de signal verbal jusqu'à ce qu'il ait parfaitement compris.

Le contact physique et les félicitations d'une voix douce et chaleureuse sont très appréciés.

Voir aussi… 6 7 9

Travailler votre posture et vos gestes

9

Les chiens communiquant principalement par le langage corporel, ils apprennent souvent plus facilement les signaux visuels qui peuvent ensuite être associés à des signaux verbaux. Utilisez des gestes simples et clairs et apprenez-les aux membres de votre foyer et/ou aux personnes qui s'occupent de votre animal.

Prenez conscience de votre propre posture. Par exemple, si vous vous penchez en avant quand vous appelez votre chien et gardez cette position en le voyant revenir, vous risquez de lui faire faire demi-tour ou de l'inciter à rester en arrière. Il assimilera votre langage corporel à un défi, pensera que vous le provoquez et attendez autre chose de lui. De votre côté, vous penserez qu'il désobéit volontairement en refusant de venir au rappel. Résultat : vous aurez tendance à renforcer votre propre comportement erroné et à perturber encore davantage votre chien.

Marie fait des gestes de bras pour rappeler Oz et Maisie.

S'il rechigne à obéir au rappel d'un air très préoccupé, désamorcez son anxiété en faisant demi-tour – il vous rejoindra aussitôt. Au contraire, s'il obéit au rappel et vous fonce dessus, faites un pas en avant pour ralentir sa course lorsqu'il est à quelques mètres de vous.

Lors des séances d'éducation où vous encouragez votre chien à réaliser l'exercice de son choix, il est préférable que vous soyez assis. Vous risquez moins de lui donner des signaux involontaires. Cela l'aide aussi à comprendre que les seuls signaux valables sont ceux du clicker et de la récompense.

Sally travaille sur le tapis alors que Marie est tranquillement assise, attendant de cliquer et de récompenser.

QUAND LE JOUR TOMBE

Si vous êtes loin de votre chien alors que le jour tombe, restez debout et agitez vos bras pour l'aider à vous localiser.

Voir aussi... 7 8 15

10 Utiliser bandes élastiques et t-shirts

Ce sont des outils efficaces pour démarrer l'éducation de chiots qui ont tendance à s'immobiliser (p. 32) lorsqu'ils portent un harnais pour la première fois, ainsi que pour les chiens sensibles au bruit. Inutile de vous rappeler que vous ne devez absolument pas rire en voyant votre chien ainsi habillé. Vous trouverez ces articles sur Internet (p. 141).

Le t-shirt ou la bande élastique autour du corps peuvent aider un chien timide à être moins craintif et un chien turbulent à se calmer et se concentrer. Ces accessoires leur permettent aussi de surmonter leur peur d'être touchés ou maintenus en place. Enfin, ils se révèlent utiles pour limiter leur nervosité excessive lors d'un voyage en voiture (fiches 29 et 30). Vous pouvez utiliser la bande élastique si votre chien redoute le port de la ceinture ou d'un harnais. Il peut se sentir rassuré de sentir quelque chose autour de son corps qui bouge avec sa respiration et, une fois en confiance, vous pourrez mettre la ceinture ou le harnais par-dessus la bande.

Avec une bande élastique autour du corps, Layla se concentre plus facilement sur ce qui lui est demandé.

Le port d'un t-shirt peut donner au chien un plus grand sentiment de sécurité.

DONNER CONFIANCE

Essayez d'utiliser la bande élastique si votre chien appréhende d'être approché par des congénères lors de sa promenade. Non seulement vous lui donnerez confiance, mais vous inciterez les autres maîtres à contrôler leur animal – en effet, ils penseront que votre chien est un grand convalescent !

Placez le milieu de la bande autour de sa poitrine.

Croisez la bande sous son corps et entourez sa cage thoracique.

Nouez les deux extrémités sur un flanc et laissez-le aller et venir.

Installer la bande

1. Approchez-vous tranquillement de votre chien, la bande à la main. S'il appréhende que vous la lui mettiez, caressez-le doucement sur le flanc ou effectuez quelques touchers circulaires selon le Toucher Tellington (p. 37) en tenant la bande.

2. Une fois votre chien rassuré, placez le milieu de la bande autour de sa poitrine.

3. Croisez la bande sur le garrot, puis faites-la passer autour de la cage thoracique et sous le sternum.

4. Croisez-la sous son corps, puis faites-la remonter autour de la cage thoracique.

5. Nouez les deux extrémités – en vous arrangeant pour que le nœud soit facile à défaire. Veillez à ne pas faire le nœud sur la colonne vertébrale mais sur un flanc et à ne pas trop serrer la bande. Le but est de transmettre des informations sensorielles à votre chien et non de le corseter !

6. À présent, encouragez votre chien à aller et venir pour l'empêcher de s'immobiliser (p. 32). Faites-le jouer ou donnez-lui des friandises s'il cherche à mâchouiller sa bande.

FAITES UN HUIT

Si votre chien ne semble pas apprécier le contact de la bande croisée sous son corps, attachez-la lui en faisant une boucle en forme de huit.

Voir aussi... 1 11 12

Exercices de niveau 1

Exercices de niveau 1 – Aptitudes clés

Ces exercices visent à traiter des problèmes de comportement – sauter sur les gens, prendre la fuite avec des jouets (ou vos plus belles chaussures), désobéir au rappel, mal supporter le contact physique, etc. – qui ne sont pas réservés aux chiots. Grâce à eux, votre chien apprendra à mieux se comporter et à apprécier le toucher.

Les exercices de niveau 1 établissent des bases solides indispensables à l'apprentissage ultérieur des exercices éducatifs des niveaux 2 et 3. Si votre chiot ou votre chien est incapable de les accomplir, il est inutile de lui enseigner les jeux et les exercices plus avancés des niveaux 2 et 3.

Préparation aux obstacles

Les jeux et les exercices préparatoires aux obstacles commencent page 77 avec le Dog Spinny et le Dog Twister, deux jeux éducatifs interactifs. Ces jeux sont particulièrement utiles si vous n'avez pas pu passer beaucoup de temps avec votre chien dans la journée en vous permettant de renforcer les liens avec votre animal et de le distraire intelligemment.

Les autres exercices de niveau 1 apprennent à votre chien à bien gérer les obstacles qu'il est susceptible de rencontrer en se promenant. Les chiens habitués seulement à se balader dans un parc risquent d'être déroutés face à d'autres obstacles qu'ils n'ont jamais rencontrés.

Socialisation

Les exercices de socialisation commencent page 81 et s'appuient sur les exercices précédents. Vous pouvez les intégrer dans les exercices précédents, car il est fondamental que votre chien sorte et voie du pays. Mais soyez réaliste : si vous ne lui avez pas appris à accepter un collier et à marcher en laisse, votre sortie en ville risque d'être un fiasco, et si vous n'avez pas développé une solide relation avec votre animal, il ne fera guère attention à vous dans un parc où abondent les distractions de toutes sortes !

Aptitudes importantes

Ces exercices commencent page 89 et permettent d'élargir l'éventail d'aptitudes de votre chien, ainsi que de l'aider à gérer les aspects les plus difficiles de son existence au sein de la société humaine.

100 clés pour dresser son chien

Certificat d'aptitude aux exercices de niveau 1

Nous attestons que

Nom du maître : ________________ & Nom du chien : ________________

ont accompli ce programme avec succès et méritent les titres de « chien parfait » et de « maître parfait ». Bravo !

Sarah et Marie

Exercices de niveau 1 – Aptitudes clés

L'immobiliser en douceur

11

Les chiots ont naturellement tendance à gigoter et il faut leur apprendre à rester tranquilles. Parmi les chiots réputés « difficiles », beaucoup ont été manipulés brusquement. Ils avaient pris l'habitude de paniquer et de mordiller les mains qui essayaient de les immobiliser. Ils n'avaient pas un comportement dominant : ils avaient peur, tout simplement.

À mesure que votre chiot manifeste davantage de confiance envers vous et vos manipulations, vous pouvez commencer à lui apprendre à accepter l'immobilisation, mais sans précipitation. Cet exercice offre des avantages énormes : des enfants, voire des adultes, peuvent un jour avoir envie de serrer votre chien dans leurs bras. Certes, si vous apprenez à vos amis comment approcher un chien avec respect, vous ne serez pas confronté à ce type de situation, mais on ne prend jamais assez de précautions. Cet exercice constitue aussi un exercice de base très précieux si vous envisagez de faire porter un harnais à votre chien.

Comment immobiliser un chiot ?

1. Agenouillez-vous et asseyez-vous sur vos talons. Placez le chiot entre vos genoux et veillez à ce qu'il vous tourne le dos – vous éviterez ainsi qu'il vous saute au visage.

2. Formez un V avec vos talons pour empêcher le chiot de s'échapper par derrière.

3. Gardez vos bras détendus et posez doucement vos paumes ouvertes sur sa poitrine.

4. Suivez ses mouvements : s'il tente d'aller en avant, retenez-le en douceur en gardant vos mains relâchées et essayez de le maintenir dans sa position initiale. Le but est de créer une barrière mobile et non de le clouer à un endroit.

5. Certains chiens acceptent très vite d'être maintenus en place, tandis que d'autres continuent de gigoter. Restez calme et continuez d'immobiliser doucement votre chiot jusqu'à ce qu'il se détende et soit heureux de rester tranquillement assis avec vous.

Ne prolongez pas l'exercice : au bout de quelques instants, laissez le chiot aller et venir librement. S'il saute de vos bras pour se libérer et se met à jouer avec vos mains, faites-le jouer avec l'un de ses jouets. Répétez plusieurs fois l'exercice dans le cadre de séances courtes et parlez à votre chien à voix basse en utilisant des syllabes longues pour le calmer.

Gardez vos mains souples en les posant doucement sur la poitrine du chiot.

Comment immobiliser un adulte turbulent ?

Passez doucement vos mains sur le corps du chien pour voir s'il accepte facilement que vous touchiez son arrière-train. S'il appréhende ce contact, utilisez le TTouch (p. 35-38) pour l'aider à surmonter sa peur.

1. Debout, placez votre chien entre vos mollets (et vos genoux s'il est de grande taille).

2. Veillez à ce que vos talons se touchent.

3. Gardez vos genoux et votre bassin relâchés, et évitez de comprimer le chien entre vos jambes.

Vous devez réussir à moduler la tension musculaire de vos jambes – votre chien ne doit pas pouvoir s'échapper, mais il ne doit pas non plus paniquer.

Voir aussi… 10 12 13

12 Travailler sur les manipulations corporelles

Apprendre au chien à accepter et apprécier le contact physique permet de contrôler régulièrement sa santé sans le perturber, de lui couper les ongles, de le toiletter, etc. Si vous tentez de le caresser ou de le manipuler alors qu'il ne l'accepte pas, il peut adopter un comportemet défensif. Il aura la même attitude avec d'autres personnes.

Le TTouch peut être utilisé pour habituer le chiot à être touché sur tout le corps.

Monty appréhende d'être touché par des gens qu'il ne connaît pas, alors Jo commence par travailler avec lui toute seule.

CONSEILS TACTILES

Si votre chien est mal à l'aise, organisez des séances courtes et répétez l'exercice plusieurs fois par jour. S'il est nerveux ou exagérément sensible, initiez le contact avec le dos de votre main, une approche moins agressive, et évitez de le fixer des yeux.

1. Immobilisez doucement votre chien ou asseyez-vous près de lui.

2. Caressez-le lentement sur tout le corps en exerçant une pression légère. Pratiquez le toucher de la Panthère nébuleuse (p. 37) pour l'aider à garder son calme et lui montrer que le contact physique est quelque chose d'agréable.

3. Si votre chien appréhende que vous touchiez son arrière-train, par exemple, caressez-le ailleurs au début et appliquez le Toucher Zigzags (p. 38) pour accéder progressivement à son bassin. Vous pouvez aussi utiliser cette technique pour l'aider à être moins sensible à la manipulation de ses pattes.

4. Utilisez d'autres outils que vos mains pour l'habituer à toutes sortes de sensations tactiles et lui éviter de redouter la séance de toilettage (fiche 50).

Soyez attentif

Les chiens qui redoutent le toucher manuel manquent généralement de confiance en eux ou souffrent de tensions dans certaines régions du corps. Ils peuvent aussi être sensibles au bruit et surexcités par le mouvement.

Le toucher de la Panthère nébuleuse aide Monty à réaliser que le contact physique est agréable.

Voir aussi… 10 11 13

Apprendre au chiot à accepter le collier

13

Il est toujours préférable d'apprendre à votre chiot à porter un collier doux et léger, ainsi qu'un harnais et une laisse adaptés, le plus tôt possible (voir aussi p. 20-21).

1. Préparez-le à accepter un objet autour du cou et des épaules en travaillant son cou, sa cage thoracique et la partie supérieure de son dos à l'aide du TTouch (p. 35-38).

2. Mettez-lui son collier et/ou son harnais pendant de courtes périodes et donnez-lui à manger ou jouez avec lui pour lui montrer que l'équipement ne l'empêche pas d'aller et venir et qu'il n'a pas à s'en inquiéter.

3. Une fois que votre chiot a accepté le collier, attachez une laisse légère munie d'un petit mousqueton à l'anneau de son collier et laissez-le se déplacer avec sa laisse.

4. S'il essaie de mâcher sa laisse, détournez son attention avec une friandise ou un jouet. S'il continue, pratiquez le TTouch pour l'habituer aux sensations tactiles dans la région de son cou et enseignez-lui le signal « Lâche ! » ou « Va ! » (fiche 14).

Attachez une laisse légère à l'anneau du collier de votre chiot et laissez l'animal aller et venir avec sa laisse.

LE DISTRAIRE

Si votre chiot gigote quand vous essayez de lui mettre son collier ou sa laisse, écrasez un petit bout de fromage mou ou de pâté sur la porte du réfrigérateur pour détourner son attention.

Voir aussi... 10 11 12

14 Lui apprendre le signal « Lâche ! » ou « Va ! »

Il n'est jamais trop tôt pour enseigner à un chien ce signal. Votre chien va vite apprendre qu'il signifie qu'il doit ôter ses dents ou ses pattes de vos chaussures préférées ou de sa laisse. Cet ordre sert aussi à l'empêcher de faire les poubelles.

Laissez votre chien saisir la friandise – à condition qu'il soit délicat.

1. Prenez une friandise entre le pouce et l'index. Tendez-la à votre chien, paume tournée vers le haut, et laissez-le la saisir délicatement. Répétez plusieurs fois ce geste. Ne dites rien.

2. Offrez-lui une nouvelle friandise et, lorsqu'il s'apprête à la prendre, retournez votre main et serrez le poing en repliant votre pouce à l'intérieur. Il va probablement pousser votre main ou donner des coups de patte dedans, mais ignorez son comportement. Ne bougez pas votre main et abstenez-vous de lui parler ou de le réprimander.

3. Au moment où votre chien abandonne la partie et ne tente plus d'accéder à la friandise, retournez votre main, paume vers le haut, et donnez-la lui.

4. Répétez le processus un certain nombre de fois en vous assurant que le nombre de friandises offertes excède le nombre de friandises conservées. Restez calme.

Si votre chien pousse votre main ou donne des coups de patte dedans, ignorez-le.

Ajouter un ordre verbal

La plupart des chiens comprennent vite qu'une main fermée interdit tout accès à la friandise et qu'il est inutile d'insister.

Une fois que votre chien a compris cela et se comporte comme il faut, ajoutez un ordre verbal d'une voix calme. Lorsque vous serrez le poing et retournez votre main pour retenir la friandise, prononcez le mot de votre choix. Choisissez un mot qui vous parle et, surtout, trouve écho auprès de votre chien ! Certains maîtres disent « Lâche ! », d'autres « Va ! » et d'autres encore « Laisse ! » Soyez patient et ne soyez pas tenté d'ajouter l'ordre verbal avant que votre animal ait parfaitement intégré le comportement souhaité.

Cookie recule et s'assied poliment en attendant sa friandise. Quel amour !

AVEC LE JOUET

Pratiquez le même exercice avec un jouet. Au départ, il est plus efficace d'utiliser des jouets qui vous permettent de retourner votre main et de montrer au chien votre poing serré, tel ce jouet à corde.

Voir aussi… 4 6 15

15 Lui apprendre à saluer les gens

Beaucoup de chiens deviennent surexcités et sautent sur les visiteurs pour les accueillir parce qu'ils n'ont pas appris à les saluer comme il faut. Le fait que différentes personnes saluent un chien de différentes manières n'arrange pas les choses ; au contraire, c'est d'autant plus déroutant pour le chien, surtout s'il est jeune.

Nous ne pouvons pas apprendre à la Terre entière à saluer un chien comme il faut, mais nous pouvons apprendre à notre chien que ce geste des humains peut être gratifiant.

Cette fiche vous apprend comment prolonger le contact de la main pour en faire un véritable salut apprécié à la fois de l'homme et du chien. De plus, le contact manuel constitue un excellent moyen d'introduire le clicker (p. 33-34).

1. Offrez le dos de votre main à votre chien, doigts pointés vers le sol. Tenez le clicker dans l'autre main et suffisamment loin de sa tête. Lorsque son nez touche doucement votre main, cliquez, attendez quelques secondes, puis donnez-lui une friandise.

2. Établissez un contact visuel non agressif en gardant les yeux mi-clos, puis approchez votre main. Cliquez quand le chien la touche et récompensez-le.

3. Répétez plusieurs fois l'étape 2 avec un contact visuel de plus en plus direct jusqu'à ce qu'il soit en confiance.

4. Peu à peu, penchez-vous de plus en plus vite au-dessus de votre chien en lui tendant la main jusqu'à ce qu'il accepte cette approche en touchant aussitôt votre main.

5. À mesure qu'il prend confiance, faites participer d'autres personnes à l'apprentissage du salut en veillant à leur parler tout au long de l'exercice. Votre chien doit les saluer en touchant leur main, puis se tourner vers vous.

Marie offre le dos de sa main à Cookie et lui donne une petite friandise.

6. Enfin, lorsque votre chien a adopté ce comportement, ajoutez un signal verbal comme « Dis bonjour ! »

Ne faites pas de lui un agresseur

Pour éviter que votre chien agresse des étrangers pour obtenir quelques douceurs, demandez aux gens de ne pas sortir leurs friandises de leur poche. Si quelqu'un veut donner une friandise à votre chien et que vous ne pouvez pas refuser, donnez votre sac à friandises à cette personne.

Cookie apprend à toucher doucement le dos de la main avec son nez.

Naomi arrive et Cookie apprend à la saluer de la même façon.

Voir aussi… 6 7 9

… et à s'asseoir calmement

16

Croyez-le ou non, de nombreux chiens n'ont jamais appris à s'asseoir sur commande. Pourtant, il s'agit d'une aptitude fondamentale à enseigner à un chien et le clicker facilite les choses. Vous n'avez pas besoin de forcer l'animal à s'asseoir en appuyant sur son arrière-train, et même de jeunes chiots peuvent apprendre à s'asseoir en quelques séances.

Avant de commencer

Vérifiez que le sol n'est pas trop glissant : votre chien aura du mal à rester assis si ses membres antérieurs glissent lentement mais sûrement en avant. Les chiens à la queue écourtée peuvent aussi éprouver des difficultés à garder cette position et les chiens anxieux sont souvent un peu réticents à s'asseoir. Pratiquez le TTouch (p. 35-38) pour l'aider à relâcher ses tensions dans le dos et l'arrière-train. Essayez aussi la bande élastique autour du corps pour accroître sa conscience corporelle (fiche 10).

Apprendre le signal « Assis ! »

1. Approchez une friandise près du nez de votre chien, les doigts de la main légèrement repliés et tournés vers le sol – la base du signal gestuel.

2. Levez lentement la main : votre chien va suivre des yeux la friandise et renverser la tête en arrière. Cliquez et récompensez.

3. Répétez les étapes 1 et 2 et cliquez lorsque le chien est presque assis.

4. Répétez l'étape 3, mais cette fois attendez que son arrière-train touche le sol avant de cliquer et de récompenser. Votre chien répond désormais à une main qui se lève.

5. Lorsque l'animal répète systématiquement ce comportement, introduisez un signal verbal – dites « Assis ! » en levant la main. Cliquez et récompensez.

Dès qu'il comprend à la fois le signal de la main levée et le signal verbal « Assis ! », inutile de clicker.

Tendez une friandise à votre chien et levez lentement la main pour l'obliger à la suivre des yeux…

… cliquez au moment où il pose son arrière-train au sol, puis offrez-lui la friandise.

Voir aussi… 11 17 24

17 Lui apprendre le signal « Couché ! »

Non seulement le signal « Couché ! » fait partie intégrante de l'apprentissage de l'obéissance, mais il vous permet de demander à votre chien de se calmer après une folle partie de jeu ou quand vous recevez des invités. Apprendre au chien à se coucher est également utile s'il voyage en voiture dans une cage – il se sentira davantage en sécurité.

Commencer par le faire asseoir

1. La plupart des chiens apprennent plus facilement à se coucher à partir d'une position assise (fiche 16). Tenez une friandise devant le nez de votre chien, vos doigts légèrement repliés et pointés vers le bas – la base du signal gestuel.

2. Baissez lentement votre main vers le sol.

Baissez la main qui tient la friandise vers le sol.

3. Lorsque votre chien commence à suivre votre main des yeux et à baisser la tête, cliquez et, au bout de quelques secondes, lâchez la friandise entre ses pattes. Cela l'habituera à chercher par terre sa friandise et lui évitera de « faire des pompes » à chaque fois que vous montez et baissez votre main.

4. Toujours à partir de la position assise, tendez-lui votre main avec la friandise au ras du sol – son nez est si près du sol qu'il est obligé de fléchir ses pattes postérieures. Cliquez et, au bout de quelques secondes, lâchez la friandise entre ses pattes.

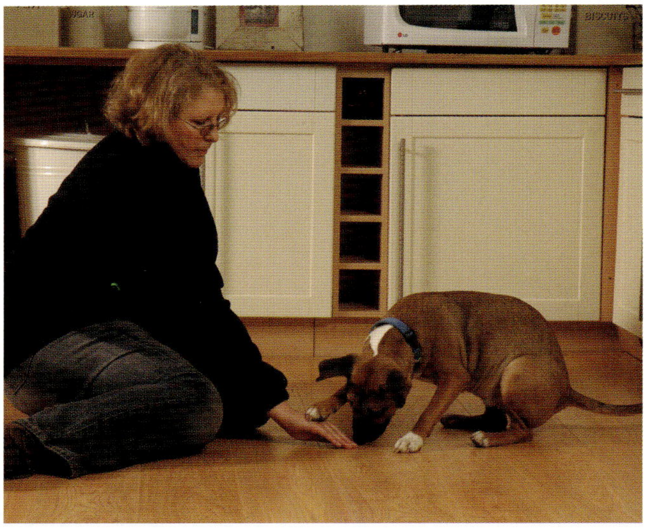

Lorsque votre chien suit votre main des yeux en baissant la tête, cliquez et déposez la friandise au sol.

5. Toujours en partant de la position assise, tendez votre main sous son nez, puis posez-la au sol avant de la glisser lentement vers sa poitrine.

6. Attendez qu'il se couche complètement, puis cliquez et, au bout de quelques secondes, lâchez la friandise entre ses pattes.

Repoussez lentement la friandise vers sa poitrine pour l'inciter à se coucher.

Lorsqu'il se couche complètement, cliquez et lâchez la friandise entre ses pattes.

7. Répétez plusieurs fois l'exercice jusqu'à ce que le chien l'ait bien intégré. Paume vers le bas, baissez votre main vers le sol.

8. Cliquez au moment où votre chien se couche et, quelques secondes plus tard, lâchez la friandise entre ses pattes.

Une fois que votre chien a adopté la position couchée à partir de la position assise, apprenez-lui à se coucher en partant de la position debout. Cliquez et récompensez.

Lorsque votre chien se couche systématiquement à partir des positions assise et debout, dites « Couché ! » en commençant à effectuer le signal gestuel. Une fois qu'il a compris le signal verbal, le clicker devient inutile.

Autre possibilité : asseyez-vous par terre et fléchissez une jambe pour lui laisser juste la place de se glisser dessous. Attirez-le sous votre genou avec une friandise pour l'obliger à se coucher.

IL RESTE DEBOUT

Si votre chien reste debout, n'oubliez pas qu'il ne sait pas forcément ce que vous attendez de lui. Certains chiens trouvent tout naturel de rester debout en suivant la friandise des yeux jusqu'au sol. Incitez-le à s'asseoir avec une friandise et réessayez. Si cela ne marche toujours pas, posez la friandise au sol et poussez-la lentement vers lui.

Si cela ne marche pas

Votre chien peut ne pas avoir conscience de ses membres antérieurs et/ou souffrir de tensions dans cette région du corps. Organisez une petite séance de TTouch (p. 35-38) le long du dos, autour de la base de la queue et sur les membres postérieurs pour l'aider à prendre conscience de ces parties du corps et à se coucher plus facilement.

Attirez votre chien sous vos jambes fléchies pour l'obliger à se coucher.

Voir aussi… 7 16 28

18 Jouer avec lui

Cet exercice apprend à votre chien qu'il peut s'amuser en toute sécurité en jouant avec vous. S'il n'apprend pas la notion de « partage » dans le jeu, il va garder jalousement son jouet, se tenant à distance et s'emparant de son « trésor » dès que vous voulez le ramasser, ce qui est frustrant. Les chiots doivent apprendre à jouer comme il faut le plus tôt possible, mais les chiens adultes peuvent aussi tirer profit de l'exercice.

1. Votre chien porte un collier plat ou un harnais et une longue laisse. Choisissez un jouet suffisamment gros. Agitez le jouet au sol et encouragez votre chien à le prendre dans sa gueule. Lorsqu'il saisit le jouet, caressez-le, félicitez-le et amusez-vous ensemble.

2. Alors que vous tenez le jouet tous les deux, caressez votre chien, puis ramassez tranquillement le bout de sa laisse avant de lui demander de lâcher son jouet – vous éviterez qu'il parte avec.

3. Lorsque votre chien semble content de jouer avec vous et d'abandonner son jouet si vous lui demandez avec les signaux verbaux « Lâche ! » ou « Va ! » (fiche 14), lancez le jouet tout près en tenant la laisse pendante.

Marie empêche Layla de s'enfuir avec son jouet en ramassant la laisse avant de lui demander de le lâcher.

Layla porte un collier et une laisse, ce qui permet de contrôler le jeu.

Layla apprend à lâcher son jouet.

Garder le contrôle du jeu

Évitez de fixer des yeux votre chien lorsqu'il revient vers vous avec son jouet, car il prendrait cela pour une invitation à un jeu de poursuite. Appelez-le et tournez-lui le dos. Quand il est près de vous, marchez sur la laisse pendante pour l'empêcher de repartir avec son jouet. Caressez-le et amusez-vous sans toucher le jouet ni établir de contact visuel. Vous voulez qu'il ait confiance en lui et qu'il soit heureux de jouer avec vous, le jouet dans sa gueule.

Voir aussi… 4 9 19

Lui apprendre à ne pas rapporter n'importe quoi

19

Les chiots et les jeunes chiens ramassent des objets défendus parce qu'ils explorent leur environnement avec leur gueule. Et ils ne tardent pas à comprendre qu'en saisissant dans leur gueule un objet quelconque, ils peuvent déclencher un jeu de poursuite avec leur maître. Un bon moyen d'attirer leur attention, n'est-ce pas ?

Les chiots utilisent leur gueule pour explorer leur environnement.

1. Si votre chien ramasse un objet quelconque, réprimez votre envie de lui crier dessus ou de le poursuivre ; contentez-vous de l'appeler.

2. Si nécessaire, courez dans la direction opposée – il vous suivra presque à coup sûr.

3. Lorsqu'il arrive à côté de vous, félicitez-le calmement et invitez-le à jouer avec l'un de ses jouets. Il va comprendre qu'il attire votre attention et s'amuse davantage avec des « objets autorisés ».

L'intéresser au jeu

Si votre chien ne semble pas intéressé par les jouets, encouragez-le de la manière suivante :

1. Posez un jouet par terre et, s'il le regarde, cliquez et récompensez. Répétez plusieurs fois cet exercice.

2. Si votre chien regarde le jouet, puis commence à s'en approcher, cliquez et récompensez. Répétez plusieurs fois l'exercice.

3. Attendez que votre chien touche le jouet pour appuyer sur le clicker et le récompenser. Répétez l'exercice jusqu'à ce qu'il comprenne l'intérêt du jeu.

4. Continuez de façonner lentement son comportement jusqu'à ce qu'il ramasse le jouet.

5. Dès qu'il a compris que vous voulez le voir ramasser le jouet, appelez-le au moment où il le prend dans sa gueule et tournez-lui le dos pour l'inciter à venir près de vous. S'il lâche le jouet, encouragez-le à le reprendre.

Si nécessaire, courez en sens inverse pour inciter votre chien à vous suivre.

Voir aussi… 7 8 9 20

20 Lui apprendre le rappel

Le rappel est un exercice sérieux. Un chien qui a appris le rappel est un chien que vous pouvez laisser aller et venir sans laisse en toute sécurité. Pour être efficace, l'apprentissage doit être amusant et gratifiant. Mettez de côté une partie de sa ration alimentaire journalière et répétez l'exercice plusieurs fois par jour.

Le rappel est très important.

1. Commencez l'apprentissage du rappel à la maison, là où il y a moins de distractions. Prononcez le nom de votre chien et dites-lui « Viens ! » Tendez-lui quelque chose de bon à manger pour l'attirer vers vous. Veillez à rester bien droit, debout ou assis, pour qu'il se rapproche davantage ; si vous vous penchez en avant, il risque de rester en arrière (fiche 15).

Appelez votre chien par son nom et ajouter le signal « Viens ! »

Lorsqu'il s'approche, faites-lui sentir la nourriture et levez le bras.

2. Lorsqu'il arrive, faites-lui sentir la nourriture dans votre main. Levez lentement le bras – il va suivre des yeux votre main et s'asseoir. Donnez-lui sa récompense. Félicitez-le calmement en évitant de parler d'une voix aiguë.

3. Parlez à votre chien, touchez-le et offrez-lui quelque chose à manger toutes les 2 ou 3 secondes. Il va apprendre que c'est dans son intérêt de rester auprès de vous au lieu de s'en emparer et de prendre la fuite.

Appelez-le et dites « Ici ! » pour que votre chien prenne l'habitude de vous suivre au lieu de s'attendre à ce que vous le suiviez.

Varier l'exercice

Une fois que votre chien comprend l'exercice, variez le type de récompense et le moment où vous la donnez. Veillez à ce qu'il maîtrise parfaitement le rappel à la maison avant de vous attendre à ce qu'il obéisse à l'extérieur.

Attachez et détachez sa laisse plusieurs fois à la maison, dans des conditions idéales. Rien de plus énervant qu'un chien qui s'enfuit à chaque fois que vous essayez de lui mettre sa laisse dans le parc. Le jour où vous le laissez aller sans laisse, choisissez l'endroit le plus calme possible.

Attachez sa laisse et marchez un peu ensemble, puis laissez-le repartir.

Rappelez votre chien à plusieurs reprises et récompensez-le. De temps en temps, remettez-lui sa laisse et faites quelques pas avec lui ou pratiquez le toucher des oreilles et la Panthère nébuleuse (p. 37) pour l'inciter à rester en laisse auprès de vous, puis laissez-le repartir.

Évitez de prendre toujours le même chemin pour lui enseigner cet exercice et de lui attacher sa laisse pour rentrer à la maison toujours au même endroit. Le rappel doit être assimilé à un jeu, au plaisir, aux récompenses ou à la possibilité de refaire un tour sans laisse, et non à « Je te mets ta laisse et on rentre. »

L'INSTINCT PLUS FORT

Certaines races ont été sélectionnées pour leur flair incomparable, d'autres pour leur vue exceptionnelle lors de la poursuite d'une proie. Si ces instincts très forts sont réveillés (en promenade, par exemple), certains chiens n'entendent pas la voix humaine. Mais ils répondent très bien au sifflet (fiche 22).

Voir aussi… 7 8 9

21 Lui apprendre à vous suivre

Le chien étant attaché à ses habitudes, vous pouvez lui apprendre à rester dans un périmètre donné à l'aide d'une longe de dressage. Une laisse à enrouleur de type Flexi est utile pour lui donner une liberté de mouvement supplémentaire quand vous le tenez en laisse, mais n'est pas adaptée à l'apprentissage du rappel en raison de la tension inévitable qu'elle implique.

La longe apprend au chien à rester dans un périmètre donné.

N'oubliez pas de cliquer s'il vous suit, puis de le récompenser.

Lâchez la longe et répétez l'exercice.

Pour bien commencer

Si possible, utilisez une longe doublée ou en coton, plus agréable à tenir. Si vous avez une longe en Nylon ou en corde, portez des gants pour éviter les brûlures si votre chien tire sans arrêt. Attachez la longe à un harnais traditionnel à enfiler et non au collier ou à un harnais qui se bloque automatiquement quand le chien tire – l'animal risque une lésion de la trachée ou des cervicales quand il arrive au bout de sa longe.

1. Attachez la longe au harnais et laissez votre chien partir. Dès qu'il vous dépasse ou s'en va trop loin, mais bien avant d'atteindre le bout de sa longe, dites « Ici ! » et changez de direction en vous éloignant de lui.

2. Utilisez le clicker au moment où il change de direction pour vous suivre. Il vous suivra pour obtenir sa récompense. Rappelez-vous que vous ne cliquez pas pour attirer son attention, mais pour lui signaler qu'il a adopté un bon comportement qu'il doit répéter.

3. Lorsque votre chien change systématiquement de direction pour vous suivre, lâchez la longe et laissez-la traîner par terre.

Pratiquez cet exercice dans des environnements différents jusqu'à ce que votre chien apprenne à garder un œil sur vous et à vous suivre. Une fois qu'il l'aura bien intégré, vous n'aurez plus besoin du clicker ni de la longe.

Voir aussi… 7 8 9 20 22

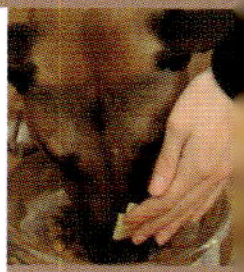

… et le rappel au sifflet

22

Le sifflet est un excellent outil éducatif si le chien a tendance à se laisser distraire par des stimuli odorants ou visuels à l'extérieur. En principe, le bruit du sifflet attirera son attention immédiatement, à condition qu'il associe systématiquement sifflet et obéissance au rappel.

Naomi siffle et donne une ration de nourriture à Cookie.

1. Divisez le repas de votre chien en cinq ou six rations. Il doit être présent, sachant que c'est l'heure du dîner. Donnez un coup de sifflet et mettez-lui une première ration de nourriture dans sa gamelle. Sifflez une deuxième fois et donnez-lui une deuxième ration – et ainsi de suite, jusqu'à la dernière ration. Répétez l'exercice sur plusieurs repas.

2. Votre chien doit désormais associer systématiquement le sifflet et la nourriture, et vous pouvez commencer à utiliser cet outil pour le rappeler dans la maison ou le jardin. Vous noterez qu'en arrivant il salive déjà par anticipation d'une délicieuse récompense. Sifflez et offrez-lui de bonnes choses s'il obéit au rappel. Pratiquez l'exercice plusieurs fois dans la journée.

3. Une fois que votre chien a parfaitement compris l'exercice, commencez à utiliser le sifflet lors de sa promenade – choisissez un endroit calme et une heure où il n'y a pas grand monde dans les parages.

Ne jamais le gronder

Il est important de lui donner les récompenses qu'il apprécie le plus quand son obéissance au rappel est immédiate. S'il arrive nonchalamment, remerciez-le d'arriver, mais gardez votre récompense ou donnez-lui quelque chose à manger qu'il aime moins.

Ne le grondez jamais s'il arrive lentement – vous le dissuaderiez de revenir la prochaine fois.

PAS DE LAXISME !

Si votre chien ignore le rappel, n'attendez pas que ce comportement devienne une mauvaise habitude. Reprenez les bases et renforcez son apprentissage jusqu'à obtenir une réponse cohérente et systématique.

Voir aussi… 7 20 21

23 Lui apprendre à saluer les enfants

Les chiens doivent apprendre à saluer calmement les enfants, sans foncer sur eux ou leur sauter dessus ou les renverser, ce qui risque de les effrayer, surtout les plus jeunes. La plupart des enfants aiment participer à l'éducation de leur chien. Les parents peuvent aider à la fois le chien et l'enfant à se comporter comme il faut.

1. Cet exercice se pratique de préférence avec deux adultes et un enfant. L'un des adultes tient le chien en laisse à environ 1 m de distance. Veillez à ce que l'animal ne puisse pas se précipiter en avant pour accueillir l'enfant. L'autre adulte se tient derrière l'enfant pour contrôler la situation.

2. Dès que le premier adulte laisse le chien aller vers l'enfant, encouragez l'enfant à lui lancer une friandise au sol, à 30 cm au moins de lui. Cela empêchera le chien de se précipiter.

3. Répétez l'exercice jusqu'à ce que le chien prenne l'habitude d'attendre sa friandise par terre.

4. Augmentez légèrement la distance et laissez de nouveau le chien aller vers l'enfant. L'adulte debout derrière l'enfant est là pour l'aider à lancer la friandise au bon moment afin qu'elle attire l'attention du chien pendant sa course. Augmentez encore la distance afin que le chien s'habitue à s'arrêter net devant l'enfant.

Même un chien sympathique et bien intentionné peut vous faire peur s'il est beaucoup plus gros que vous.

L'enfant peut avoir très peur au moment où le chien lui saute dessus, tout excité.

Le chien apprend à ralentir et à s'arrêter à distance de l'enfant.

Voir aussi… 6 15 20

... et à suivre votre main

24

Maintenant que votre chien a appris à vous saluer en touchant le dos de votre main avec son museau (fiche 15), vous pouvez lui apprendre à suivre votre main. C'est un exercice facile qui vous permettra de ne plus tirer sur sa laisse ou son collier pour le faire avancer. C'est aussi la base du travail sans laisse.

1. Lorsque votre chien vous regarde, déplacez votre main d'un centimètre environ et, s'il la suit du nez, cliquez et récompensez. La récompense peut être donnée dans la main ou par terre.

2. Augmentez progressivement la distance et la durée sur lesquelles votre chien va suivre votre main. Puis apprenez-lui à suivre vos deux mains.

3. Vous pouvez désormais lui apprendre à suivre votre main pendant les promenades pour attirer son attention s'il se laisse distraire.

AVEC LES PETITS CHIENS

Si vous avez un petit chien, remplacez votre main par une baguette colorée – vous risquerez moins de vous faire mal au dos en vous penchant constamment en avant.

Cookie apprend à suivre la main de Marie. Non seulement c'est un exercice pratique, mais Cookie s'habitue à réagir correctement au mouvement de la main au lieu de la mordre comme elle le faisait auparavant.

Si votre chien se laisse distraire, utilisez votre main pour l'encourager à vous suivre.

Voir aussi... 6 9 14

25 Lui apprendre la marche au pied en laisse

Le rythme de marche naturel du chien est généralement plus rapide que celui de l'homme. Il peut donc avoir du mal à marcher plus lentement, à votre pas, sans laisse.

Les chiens ne sont pas des machines. Ils se laissent facilement distraire ou exciter par leur environnement, tirant alors sur leur laisse dans un sens ou dans l'autre. Si le maître accepte ce comportement et suit son chien, l'animal prendra l'habitude de tirer de plus en plus et le maître de le retenir de plus en plus.

1. Attachez une laisse courte au collier du chien. Restez immobile, puis faites un pas en arrière avec la jambe qui se trouve de son côté. Utilisez votre main (fiche 24) pour inciter le chien à vous suivre, et donc à faire demi-tour en direction de la jambe que vous avez reculée.

Marie recule d'un pas et incite Cookie à faire demi-tour.

2. Faites un pas en avant de la même jambe. Cliquez et récompensez si le chien vous suit.

Marie clique quand Cookie la suit, puis la récompense.

Les chiens ont tendance à marcher plus vite que nous (en haut), alors Sarah utilise un clicker pour apprendre à Cookie à ralentir et à la suivre (ci-dessus).

3. Demandez-lui de continuer à suivre votre main pour soutenir son attention jusqu'à ce que la distraction soit passée. Le but est que votre chien soit suffisamment détendu et en confiance pour marcher à vos côtés sans tirer sur sa laisse.

PETIT CONSEIL

Si votre chien a du mal à apprendre la marche au pied sans tirer sur sa laisse, essayez d'attacher une laisse à double attache à un collier plat et à un harnais ou d'improviser une « laisse d'équilibrage » (fiche 46).

Voir aussi... 13 18 21 22

… et la marche au pied des deux côtés

26

Certains chiens sont si habitués à marcher à gauche de leur maître qu'ils sont complètement déroutés quand quelqu'un doit les faire marcher de l'autre côté. Toutefois, si vous l'avez bien habitué à suivre votre main, cet apprentissage devrait s'effectuer facilement.

Si vous avez été habitué à promener votre chien d'un seul côté, vous aurez certainement plus de mal à lui apprendre cet exercice. Prenez votre temps pour ne pas risquer de trébucher sur votre compagnon et de le renverser. Cet apprentissage sera très utile si vous promenez votre chien dans une grande ville ou si vous voulez apprendre à un enfant à le promener (fiche 68).

Les étapes sont identiques à celles de la fiche 25, sauf que vous apprenez à votre chien à marcher au pied à votre droite.

Cet exercice prépare à la gestion d'obstacles (fiches 34 à 36, 73 et 74).

Apprendre à son chien à être tenu en laisse des deux côtés est utile si vous marchez le long d'une route très fréquentée ou si vous êtes soudain obligé de changer de côté pour éviter un chien tout excité (ou un chat !) qui arrive en face.

Voir aussi… 24 25

27

L'habituer au tapis d'éducation

Le tapis d'éducation apprend au chien à travailler à distance de son maître et à se coucher tranquillement à différents endroits, que ce soit à la maison ou dans un nouvel environnement. Il vous faut un petit tapis – une serviette ou une couverture feront l'affaire.

Lorsque votre chien regarde vers le tapis…

1. Posez le tapis au sol près de votre chien. Asseyez-vous sur un siège à proximité. Lorsque votre chien regarde en direction du tapis, cliquez et lancez-lui une récompense à l'autre bout du tapis.

2. Lorsque le chien revient vers vous après avoir ramassé sa récompense et soit regarde, soit touche le tapis, cliquez et lancez-lui une autre récompense dessus.

… cliquez et lancez-lui une récompense sur le tapis.

Lorsque le chien marche sur le tapis, cliquez et lancez-lui une récompense.

3. Répétez l'exercice jusqu'à ce qu'il comprenne que le bruit du clicker est lié à son intérêt pour le tapis.

4. Attendez quelques secondes qu'il marche sur le tapis avant de cliquer et de récompenser. Répétez plusieurs fois l'exercice.

5. Au bout d'un moment, vous pouvez abandonner le clicker pour voir si le chien va s'asseoir ou se coucher sur le tapis. Ne lui demandez de s'asseoir ou de se coucher que s'il obéit systématiquement à un simple signal verbal, sinon vous risquez de le dérouter.

LE BON TIMING

Pour prolonger la durée de son séjour debout, assis ou couché sur le tapis, différez le clic de quelques secondes à chaque fois.

Lorsqu'il est debout sur le tapis, attendez, avant de cliquer, de voir s'il va s'asseoir ou se coucher.

Voir aussi… 16 17 27

28 Lui apprendre le signal « Debout ! »

Apprendre à un chien à se tenir debout est utile pour le toiletter, le baigner et le sécher, ainsi que pour le faire sortir calmement d'une voiture ou de la maison et l'obliger à attendre patiemment que vous lui mettiez son collier, sa laisse, son harnais ou son manteau.

Encouragez votre chien à se tenir debout, cliquez et lancez-lui une friandise un peu plus loin. Lorsqu'il revient, cliquez pendant qu'il reste debout et jetez-lui une autre friandise. À un moment donné, il va peut-être s'asseoir ou se coucher, mais attendez patiemment qu'il se relève, cliquez et récompensez.

Vous pouvez aussi vous tenir debout à côté de votre chien et l'inciter à adopter la même position que vous par un simple geste de la main. Attention à la hauteur de votre main : si elle est trop haute, votre chien risque de s'asseoir, si elle est trop basse, il risque de se coucher. Une fois qu'il est debout, cliquez et récompensez.

Pratiquez cet exercice au cours de plusieurs séances d'éducation. Lorsque votre chien se tient systématiquement debout, ajoutez un signal verbal.

Marie se tient debout près du chien et lui indique par un geste de la main d'en faire autant.

Apprendre à un chien à rester debout est utile dans de nombreuses circonstances, dont le toilettage.

Voir aussi… 16 17 27

Le faire voyager en voiture en toute sécurité

29

Faites prendre la voiture à votre chien le plus tôt possible. Commencez par de courts trajets qui se terminent par une joyeuse promenade afin qu'il associe la voiture à quelque chose d'agréable. Les trajets ennuyeux ou les visites chez le vétérinaire ont peu de chance de lui faire aimer la voiture.

Pour faire voyager votre chien en toute sécurité, installez-le sur le siège arrière et mettez-lui une ceinture de sécurité spéciale chiens qui s'attache à notre ceinture habituelle ou enfermez-le dans une cage où il se sentira en confiance.

Veillez à lui avoir fait faire ses besoins avant de le laisser monter dans la voiture et évitez de le nourrir avant le trajet pour lui épargner autant que possible le mal des transports. S'il est anxieux en voiture, pratiquez le toucher des oreilles (p. 36) et mettez-lui une bande élastique pour le sécuriser (fiche 10).

Inka porte sa ceinture de sécurité.

Voir aussi... 10 16 17 30

30

Lui apprendre à sortir calmement de la voiture

Cet apprentissage évitera que votre chien sorte comme un fou de la voiture.

Utilisez un clicker et des signaux gestuels pour lui demander de s'asseoir ou de se coucher – il doit attendre calmement que vous l'autorisiez à sortir.

1. Demandez à votre chien de s'asseoir ou de se mettre debout lorsque vous ouvrez la portière.

2. Attachez-lui sa laisse et demandez-lui d'attendre à l'aide d'un signal gestuel.

3. Demandez-lui de descendre calmement ou portez-le si c'est un petit chien et habituez-le à s'asseoir ou à se tenir debout à côté de la voiture.

Vous pouvez cliquer et le récompenser pour qu'il comprenne bien et utiliser le TTouch (p. 35-38) au niveau de la tête pour soutenir son attention.

Demandez à votre chien d'attendre un moment au lieu de bondir hors de la voiture dès que vous ouvrez la portière.

Voir aussi... 9 25 29

31 L'initier à la recherche de nourriture

C'est un apprentissage facile qui servira de base à la recherche de jouets ou de friandises cachés. En focalisant l'animal sur sa friandise, cet exercice est aussi bénéfique aux chiens qui ont tendance à trop faire fête aux gens pour les accueillir.

1. Dispersez quelques friandises ou morceaux de nourriture autour de vous en veillant à ce que votre chien vous regarde faire.

2. Utilisez le signal verbal « Trouve ! » pendant qu'il renifle un peu partout.

Continuez en dispersant nourriture ou friandises dans un périmètre plus large. Dès que votre chien comprend le signal « Trouve ! », dispersez la nourriture dans un endroit accessible à son insu. Puis accompagnez-le vers cet endroit ; dites-lui « Trouve ! » pour l'encourager à chercher tout seul. Il faut qu'il comprenne que ce signal sert à l'inciter à chercher sa nourriture au sol et non à regarder votre main pour voir où vous allez lui lancer sa nourriture.

Pour commencer, laissez votre chien vous regarder disperser friandises ou nourriture.

Voir aussi… 18 24 27

Certificat d'aptitude aux exercices de niveau 1

Bravo ! Vous avez appris à votre chien des exercices de base vraiment incontournables. Photocopiez le certificat d'aptitude (p. 52) et fixez-le sur la porte de votre frigo pour que votre chien et vous n'oubliiez pas ce que vous avez accompli ensemble. Ne vous reposez pas sur vos lauriers jusqu'aux exercices de niveau 2 – avant de les entamer, vous avez encore bien d'autres jeux et exercices à faire découvrir à votre chien.

Lui apprendre le Dog Spinny

32

Ce jeu fait partie des nombreux jeux interactifs pour chiens mis au point par Nina Ottosson (p. 21). Ils s'utilisent à l'intérieur comme à l'extérieur et sont parfaits pour les débutants et les chiots.

Le Dog Spinny est un jeu interactif pour chiens, développé par Nina Ottosson.

1. Cachez quelques friandises dans les trous sous le plateau en bois pivotant. Faites tourner le plateau pour montrer à votre chien comment accéder à la première friandise. En vous observant, il va vite apprendre à faire tourner le disque avec son nez ou sa patte pour dénicher les friandises. Installez-vous et voyez s'il est capable de trouver les autres friandises tout seul.

2. Encouragez-le en le félicitant dès qu'il touche le plateau et le fait tourner. Une fois qu'il a sorti toutes les friandises, remplissez à nouveau le Dog Spinny et recommencez. S'il se désintéresse du jeu, utilisez des friandises dont il raffole vraiment ou mettez le jeu de côté pour l'instant.

Note importante

Restez toujours près du chien lorsqu'il joue à ce jeu et ne le laissez pas mâcher ou ronger le bois.

Archie a appris à faire tourner le plateau avec son nez pour trouver les friandises cachées à l'intérieur.

Voir aussi... 7 18 27 32

33 Lui apprendre le Dog Twister

Voici un autre jeu interactif développé par Nina Ottosson qui incite le chien à utiliser ses pattes pour accéder aux friandises. Suivez les étapes du Dog Spinny (fiche 32) et montrez à votre chien comment obtenir sa récompense. Il va vite apprendre à déplacer les blocs dans les deux sens avec ses pattes.

Certains chiens privilégient leurs pattes pour explorer leur environnement. Ce jeu amusant les encourage à utiliser leurs pattes de façon positive (la façon négative consistant à gratter la terre dans vos pots de fleurs). Il apprend également au chien à se servir de ses deux pattes antérieures pour devenir un ambidextre accompli !

Sally utilise ses pattes pour déplacer les blocs.

Voir aussi… 7 18 27

34 … à franchir des poteaux au sol

Cet exercice préparatoire à la gestion d'obstacles améliore la concentration et la coordination, et il est l'occasion de pratiquer le suivi de la main (fiche 24).

Mettez un harnais et un collier plat à votre chiot ou votre chien. Une fois qu'il a compris l'exercice, essayez sans laisse.

Déposez au sol une série de poteaux. Demandez à votre chien de s'asseoir devant les poteaux, puis d'avancer en utilisant le signal de la main.

Si votre chien semble apprécier l'exercice, vous pouvez surélever les poteaux en posant leurs extrémités sur des petits blocs. Augmentez la difficulté en variant leur hauteur ou en surélevant un poteau à une extrémité et le poteau suivant à l'autre extrémité. Soyez réaliste : ne surélevez pas trop les poteaux au début et organisez des séances de travail courtes.

Encouragez votre chien à avancer d'un signal de la main et récompensez-le.

Voir aussi… 7 9 13 24 25

… et à marcher sur un support à faible hauteur

35

Apprendre au chien à marcher ainsi lui donnera confiance pour monter des marches et rester tranquille sur la table du vétérinaire ou du toiletteur. Cet exercice est également l'occasion d'entraîner votre chien à s'asseoir, se tenir debout et se coucher. Enfin, il constitue une bonne base si vous envisagez de l'inscrire à des concours d'agility.

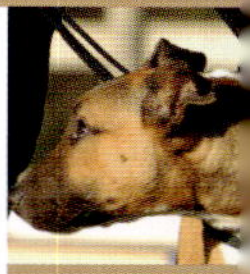

Créez un support d'entraînement provisoire en plaçant une large planche de bois sur des caisses ou un support permanent si vous êtes un peu bricoleur. Vérifiez que la planche est solidement fixée et ne risque pas de basculer – votre chien doit se sentir en sécurité en marchant dessus.

Comment procéder ?

Votre chien doit porter un harnais, un collier plat et une laisse à double attache. Les chiens nerveux pouvant être réticents à quitter le sol sur commande, commencez en posant le support par terre si nécessaire.

Ne forcez pas votre chien à monter sur le support. Laissez-le décider du moment en l'incitant à suivre votre main (fiche 24) pour lui montrer ce que vous attendez de lui. Une fois qu'il est monté, vous pouvez lui demander de se tenir debout ou de s'asseoir et utiliser le TTouch (p. 35-38) pour l'habituer à être manipulé sur un support.

Enfin, s'il semble content et que vous êtes dans un environnement sûr, demandez-lui de marcher sur le support sans laisse.

Cookie apprend à marcher sur un support surélevé. Cela varie les séances d'éducation et l'habitue à se sentir en confiance lorsqu'elle est en hauteur.

Le TTouch habitue Cookie à être manipulée lorsque ses quatre pattes ne touchent pas le sol.

Voir aussi… 12 24 25

36 Lui apprendre à gérer les surfaces glissantes

Apprendre à un chien à marcher sur les surfaces les plus variées améliore sa confiance et sa coordination, et l'incite à prendre conscience de l'endroit où il pose ses pattes à travers les sensations que lui procurent les différentes textures. De nombreux chiens se sentent démunis face à un sol glissant, notamment s'ils sont âgés ou raides de l'arrière-train.

1. Posez au sol toute une série de supports différents – un en plastique, un en tissu et un en bois, par exemple – en veillant à ce que l'un d'eux soit glissant.

2. Enfilez un harnais à votre chien ; prenez la laisse à double attache et fixez une attache à son collier plat et l'autre à son harnais. Si votre chien n'a pas de problèmes pour marcher en laisse, le harnais est inutile.

3. Faites passer votre chien sur les différents supports et observez ses réactions.

RECOURIR AU TTOUCH

Si votre chien est hésitant, utilisez le toucher de la Panthère nébuleuse (p. 37) et la bande élastique (fiche 10) pour améliorer sa conscience corporelle.

Inka se déplace parfaitement sur des surfaces luisantes. Les différentes textures améliorent la concentration et la coordination.

Voir aussi... 24 25 35

Lui trouver un bon cours d'éducation

37

Certains maîtres sont réticents à suivre un cours d'éducation avec leur chien parce qu'ils ont une image négative de l'éducateur – quelqu'un d'énervé et autoritaire qui hurle des ordres et n'arrête pas de leur dire : « Ne faites pas ça ! »

Heureusement, le monde de l'éducation canine a évolué. Les maîtres désireux d'éduquer leur chien selon des principes neufs et des pratiques positives disposent aujourd'hui d'un choix plus vaste, et la frontière entre ceux qui entraînent leur animal à des fins de compétition et ceux qui souhaitent simplement avoir un bon chien qui obéit au rappel est de plus en plus mince.

Les cours d'éducation offrent un excellent moyen de socialiser et d'éduquer votre chien dans un environnement contrôlé et sont une occasion de rencontrer d'autres propriétaires de chiens. Faites vos recherches avant de vous inscrire et demandez si vous pouvez rester pour assister à un cours avant de venir avec votre chien.

Si l'éducateur refuse, trouvez-en un autre. Observez et écoutez tout ce qui se passe pendant le cours. Les maîtres sont-ils encouragés, motivés ? L'éducateur dialogue-t-il avec eux ? Ou leur parle-t-il sans leur demander leur avis ? Maîtres et chiens ont-ils l'air heureux ? L'éducateur est-il clair dans ses paroles et dans ses actes ? Contrôle-t-il parfaitement la situation ou est-ce la pagaille ? Discutez avec d'autres maîtres à la fin du cours. Et fiez-vous à votre intuition pour prendre la décision finale.

Évitez les classes surpeuplées et celles où l'on ne s'entend plus à cause du bruit et/ou des cris. Fuyez les éducateurs aux méthodes de renforcement négatif et de punition positive (colliers étrangleurs, pistolets à eau, etc.).

Les techniques d'éducation positives développent la confiance.

Voir aussi… 8 9 13

38 Lui faire voir du pays

Changer d'environnement est nécessaire au bien-être des chiens. Malheureusement, beaucoup restent confinés dans l'arrière-cour, privés de stimulations visuelles et olfactives. Alors, faites voir du pays à votre chien et sachez que même un tour en voiture peut lui apporter beaucoup.

Oz et Maisie profitent d'une balade à la campagne.

Plus votre chien découvre d'endroits différents, mieux c'est pour lui. N'oubliez pas d'emporter votre sac à friandises, ses jouets et le clicker pour pratiquer les exercices éducatifs dans les contextes les plus variés. Donnez-lui la chance de multiplier les expériences. Bien sûr, vérifiez qu'il obéit au rappel, même avec des distractions autour de lui, avant de le laisser aller sans laisse dans un lieu public. Si vous le promenez en pleine nature, attendez-vous à le voir gambader comme un fou, grisé par des sensations inédites.

Cookie apprend à descendre les marches.

Voir aussi… 20 22 34

39 Le promener en ville

Marcher en ville, au milieu du bruit, des voitures et des piétons, peut être une expérience assez extraordinaire pour un chien. Vous devrez lui avoir appris à marcher en laisse à gauche et à droite (fiche 26) de façon à pouvoir changer de côté si nécessaire.

C'est là que vos compétences éducatives seront mises au banc d'essai, car votre chien ne va certainement pas passer inaperçu ! Un chien qui va en ville doit savoir saluer les gens, suivre votre main et s'asseoir sur commande – trois aptitudes indispensables. Et vous vous féliciterez de lui avoir appris le signal « Laisse ! » ou « Va ! » lorsqu'il passera devant des poubelles.

Oz est calme et content en ville.

Voir aussi… 14 15 16 24 26

Le promener à la campagne

40

Quoi de plus agréable qu'une balade en pleine nature en compagnie de son chien adoré ? Non seulement vous aurez le plaisir de vous balader en toute liberté, mais vous pourrez aussi pratiquer vos exercices éducatifs dans un nouvel environnement.

Cookie traverse un pont.

Vous pouvez, lors de votre balade, tirer profit de la variété du terrain pour apprendre à votre chien à traverser et contourner les obstacles, passer dessus et dessous. Certains chiens peuvent manquer d'assurance devant des sols irréguliers ou des barrières en bois, mais vous pouvez les aider à améliorer leur coordination et leur confiance en installant chez vous des obstacles faciles à gérer.

Naomi et Orsa aiment se promener à la campagne.

Voir aussi… 34 35 36

L'habituer à rencontrer enfants et adultes

41

Si vous avez appris à votre chien à saluer correctement ses admirateurs, les rencontres avec des adultes et des enfants devraient bien se passer. Gardez votre sac à friandises à la main pour lui demander de toucher gentiment leur main avec son nez, puis de se tourner vers vous pour sa récompense. Veillez surtout à ce qu'il garde ses quatre pattes au sol.

Les enfants et les adultes doivent, eux aussi, suivre quelques règles simples. Demandez-leur de ne pas nourrir votre chien et de le caresser seulement s'il reste assis calmement ou, du moins, garde ses quatre pattes au sol. Invitez-les à se tenir debout légèrement à côté du chien et à caresser lentement sa poitrine. Expliquez-leur qu'il sera plus tranquille s'il peut voir leur main, et que, s'ils le caressent sur la tête ou la nuque, il lèvera naturellement les yeux pour ne pas perdre de vue leur main.

Les chiens doivent être calmes et bien élevés lorsqu'ils rencontrent des humains, notamment des enfants. Orsa est une star.

Voir aussi… 6 15 23

42 Le promener au parc

Les enfants qui courent, jouent au ballon, font du vélo sont autant de stimulations et de distractions pour un chien ! Dans un parc, il y a toujours mille et une choses qui se passent. C'est pourquoi le parc est l'endroit idéal pour permettre à un jeune chien d'élargir son expérience de la vie.

L'idéal est de promener un jeune chien avec des chiens plus âgés qui connaissent les bonnes manières.

C'est la première sortie au parc de Cookie et Marie poursuit son éducation. Malgré toutes les distractions, Cookie se comporte parfaitement bien.

Si votre chien est anxieux

Si c'est le cas ou s'il n'est pas encore socialisé, gardez-le en laisse et restez en lisière du parc. Ainsi, il pourra voir tout ce qui se passe, mais vous trouverez vite la sortie s'il se sent dépassé.

Demandez à un ou une amie qui a un chien plus âgé ou plus assuré de vous accompagner. Les chiens apprennent en observant les réactions de leurs congénères, mais vous devez avoir la certitude que l'autre chien sait se comporter correctement.

Pratiquez le TTouch des oreilles et la Panthère nébuleuse (p. 35-36) pour l'aider à rester calme. S'il est capable de travailler et d'être récompensé, demandez-lui des choses simples telles que s'asseoir et se coucher pour détourner son attention des stimuli extérieurs, mais s'il a vraiment peur, il sera incapable de vous écouter. S'il est plus à l'aise en mouvement, demandez-lui de suivre votre main (fiche 24). Les visites au parc doivent être courtes ;

Les parcs offrent une foule de stimuli. Maisie observe tranquillement les cygnes.

MESURE DISSUASIVE

À moins que tous les chiens du parc soient tenus en laisse, ils vont certainement être plusieurs à venir saluer votre chien. Tous les maîtres n'étant pas aussi responsables que vous, si vous voyez un chien approcher d'une manière assez hostile, attirez l'attention de votre animal et suivez le conseil d'un ami éducateur. Criez aussi fort que vous pouvez (sans effrayer votre propre chien) : « Mon chien a une maladie de peau très contagieuse ! » Effet dissuasif garanti !

alternez sorties au parc et activités moins stimulantes pour améliorer progressivement sa confiance.
Si votre chien est surexcité, essayez de le faire marcher en S et utilisez le toucher des oreilles pour ralentir son rythme cardiaque et respiratoire. Attirez son attention par des exercices déjà pratiqués ensemble dans un environnement calme. Si son comportement s'aggrave, ramenez-le à la maison et reprenez des exercices éducatifs antérieurs.

Voir aussi... 15 16 17 20

Le familiariser avec d'autres animaux

43

Votre chien doit avoir un comportement calme et contrôlé en présence d'autres animaux. Il ne doit pas aboyer dans leur direction, les pourchasser ou les attaquer. Plus vous le familiarisez de bonne heure avec toutes sortes d'animaux, mieux c'est, car il est très difficile de modifier le comportement d'un chien qui pourchasse et/ou tue d'autres animaux.

1. Gardez votre chien en laisse et parlez-lui calmement.

2. Demandez-lui de s'asseoir tranquillement et d'observer les animaux à distance, qu'il s'agisse d'un chat, d'un animal sauvage ou d'un animal de ferme ; utilisez le clicker et des friandises pour récompenser son bon comportement. Demandez-lui de se tourner vers vous et de vous regarder avant de l'autoriser à rencontrer les animaux.

3. Pratiquez le TTouch (p. 35-38) pour lui transmettre des informations sensorielles positives et l'aider à rester calme.

Votre chien doit être calme et confiant en présence d'autres animaux. Cookie rencontre Poppy, un charmant petit âne, et reste sagement assise.

Voir aussi... 14 15 16 38

44 L'habituer à rester calme

En général, les chiens savent comment se comporter face à des congénères inconnus et utilisent leur langage corporel, aussi complexe que subtil. Ils reniflent souvent le sol pour reconnaître la présence d'un congénère. Ils peuvent aussi décrire une légère courbe sur le côté en s'approchant de l'étranger, s'asseoir et/ou faire demi-tour si le congénère semble agité ou inquiet.

En tenant un chien en laisse, nous perturbons son processus de communication naturel et, si nous raccourcissons sa laisse et tirons dessus, nous déclenchons involontairement des signaux contradictoires. C'est notre réaction première, mais le chien est obligé de se raidir et de modifier sa posture. Et, surtout, nous l'empêchons d'employer efficacement son langage corporel. Si un chien inconnu arrive de front, essayez de laisser suffisamment d'espace entre les deux chiens pour éviter de les mettre en contact rapproché.

Deux chiens qui reniflent le sol ensemble : c'est le signe qu'ils s'entendent et ne se sentent pas menacés l'un par l'autre.

Soyez sensé et juste

Comprenez que certains maîtres ont de bonnes raisons de tenir leur chien en laisse et qu'ils se donnent beaucoup de mal pour contrôler leur animal dans un espace public. Ils ont le droit de se promener agréablement sans voir débarquer votre chien, gentil mais un peu envahissant…

Si d'autres maîtres ont, eux aussi, abandonné la laisse pour laisser leurs sympathiques chiens jouer ensemble, votre chien ne va pas tarder à profiter d'une bonne partie de jeu et à se faire plein de copains. Pour l'empêcher d'aboyer de surexcitation au bout de sa laisse à chaque fois qu'il rencontre un congénère, apprenez-lui à marcher calmement en laisse avec ses nouveaux amis.

N'oubliez pas de jouer, vous aussi, avec votre chien. Il doit accepter que ce soit vous qui décidiez de le laisser jouer avec les autres chiens.

Voir aussi… 20 25 26 37

45 Skateboards, vélos, poussettes

Il est très tentant de prendre en chasse les objets qui bougent rapidement, et les roues qui tournent excitent souvent les jeunes chiens. Bien que leurs réactions soient naturelles, elles doivent être contrôlées.

Intégrez la présence d'objets en mouvement dans vos séances d'éducation. Demandez à votre chien de rester assis tranquillement en voyant passer des jeunes sur un skateboard, des cyclistes, etc., et apprenez-lui à marcher calmement à côté, derrière ou devant des cibles mobiles.

Cookie a un comportement exemplaire. Elle est soumise à des stimuli visuels et auditifs multiples et variés.

Voir aussi… 38 39 41 42

… et aussi devant un spectacle stimulant

46

Un jeune chien sera facilement excité par un spectacle animé et bruyant. Outre le clicker, le TTouch et les félicitations verbales, vous pouvez utiliser une « laisse d'équilibrage » improvisée pour l'empêcher de tirer sur son collier et d'accroître sa frustration.

Les jeunes chiens sont excités à la vue de certaines activités.

1. Si votre chien est à votre gauche, tenez la partie de la laisse près du collier dans votre main gauche et l'autre bout dans votre main droite. Passez la laisse derrière son coude gauche, puis en diagonale entre ses deux membres antérieurs et, enfin, devant son épaule droite avant de l'enfiler à travers son collier.

2. Tenez la laisse des deux mains et faites reculer doucement votre chien en tirant légèrement sa laisse, puis en la relâchant, afin que l'animal ait la sensation de sa laisse sur la poitrine.

3. Restez détendu, relâchez vos muscles. Plus vous vous crisperez sur la laisse, plus votre chien tirera dessus. La sensation de la laisse sur la poitrine contribue à calmer un chien excité et à déplacer son centre de gravité vers l'arrière.

4. Tenez les deux bouts de la laisse dans une seule main et, de l'autre, pratiquez le TTouch (p. 35-38) pour focaliser son attention sur son corps et l'apaiser.

Utilisez aussi le TTouch pour l'ai

Voir aussi… 37 38

47 Lui apprendre à faire une pause

Au cours de votre promenade, prenez le temps de vous asseoir et de regarder ce qui se passe autour de vous. Cet exercice simple apprend au chien à être patient et à faire une pause entre deux parties de jeux.

Trouvez un banc ou asseyez-vous sur l'herbe avec votre chien. Pratiquez le toucher des oreilles, la Panthère nébuleuse et les zigzags (p. 35-38) pour l'aider à avoir toujours conscience de votre présence tout en regardant passer d'autres personnes et des congénères. Vous pouvez aussi utiliser le clicker et des récompenses pour remobiliser son attention. Augmentez progressivement la durée de vos pauses.

Asseyez-vous pour faire une pause – l'occasion idéale de lui apprendre la patience et de pratiquer le TTouch.

Voir aussi… 10 38 39 41 42

48 Se rendre chez le vétérinaire

Tous les chiens doivent, un jour ou l'autre, passer par la case « vétérinaire », mais ce n'est pas une raison pour associer ce passage obligé à une expérience négative. Certains vétérinaires invitent les jeunes chiens à se familiariser avec les sons et les odeurs, ainsi qu'avec le personnel de la clinique. Si ce n'est pas le cas du vôtre, c'est à vous de rendre la visite aussi agréable que possible.

Emmenez votre clicker et votre sac de friandises pour aider votre chien à rester tranquillement assis – c'est mieux pour lui et moins stressant pour les autres clients (animaux et maîtres). N'hésitez pas à pratiquer le TTouch (p. 35-38) pour l'apaiser.

La laisse d'équilibrage (fiche 46) l'aide à garder ses quatre pattes au sol, tandis que l'exercice de suivi de votre main (fiche 22) permet de le faire avancer sans avoir à le traîner par son collier. Pensez aussi au t-shirt (fiche 10) pour l'aider à rester calme.

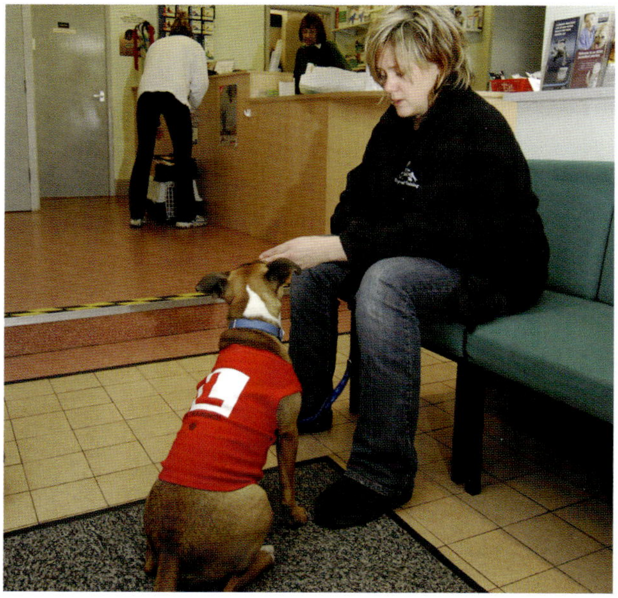

Cookie a rendez-vous à la clinique vétérinaire pour une visite de socialisation. Elle rencontre le personnel et apprend comment se comporter à l'accueil.

… 39 41 42 44

Aptitudes importantes

L'habituer au balai et à l'aspirateur

49

La plupart des chiots considèrent les balais et les aspirateurs comme d'énormes jouets mobiles. À moins que vous ne leur montriez d'autres choses plus intéressantes à faire, ils voudront les pourchasser.

Pour faire comprendre à votre chien qu'il y a des choses avec lesquelles il ne doit pas jouer, apprenez-lui l'exercice ci-dessous et répétez les étapes si nécessaire. Au départ, laissez le balai immobile ou l'aspirateur éteint. Vous pourrez ensuite déplacer le balai ou allumer l'aspirateur.

1. Alors que votre chien est dans une autre pièce, répandez 10 friandises sur le sol, prenez le balai et laissez le chien pénétrer dans la cuisine. Cliquez à chaque fois qu'il s'approche d'une friandise – veillez à ce que ce soit avant qu'il la saisisse pour lui montrer le bon comportement.

2. Laissez votre chien vous voir lancer une autre friandise par terre, à distance du balai. Quand son regard suit la friandise, cliquez pour lui montrer qu'il a bien fait de se désintéresser du balai. Répétez plusieurs fois.

3. Attendez qu'il détourne son attention de vous et du balai, cliquez et lancez la friandise. Répétez plusieurs fois.

4. Attendez qu'il s'éloigne vraiment de vous et du balai, cliquez et récompensez.

Tout objet en mouvement, même un balai, peut exciter un jeune chien.

UNE PLUIE DE FRIANDISES

Pour récompenser son excellent comportement, cliquez et lancez-lui une pluie de friandises !

Cookie se dirige vers les friandises jetées au sol par Marie (à gauche) et a vite appris à rester éloignée du balai (à droite).

Voir aussi... 14 31 46

50 L'habituer au toilettage

Le toilettage doit être un moment agréable pour vous deux. Non seulement il permet de garder le poil et la peau de votre chien sains en stimulant la circulation sanguine et en ôtant les poils morts, mais il renforce le lien qui vous unit. Évitez les gestes trop vigoureux et observez son expression pour vérifier qu'il apprécie la séance et n'attend pas simplement et docilement la fin de son calvaire !

Le toilettage renforce le lien entre le chien et son maître.

En général, un jeune chien n'arrête pas de gigoter, de vouloir mordiller la brosse et de jouer avec votre main. Si vous lui avez déjà appris à rester en place et à se laisser manipuler (fiches 11 et 12), sa réaction n'est probablement pas liée à une hypersensibilité de contact, mais au caractère nouveau de la sensation. Écrasez un peu de fromage ou de pâté sur la porte du réfrigérateur pour détourner son attention de la brosse.

Si votre chien est anxieux ou mal à l'aise, utilisez un gant en laine de mouton ou un gant de massage pour rendre l'expérience plus agréable au toucher. Pratiquez le TTouch (p. 35-38) pour accéder à des zones corporelles sensibles.

Si votre chien appréhende vraiment le toilettage, conduisez-le chez le vétérinaire pour un bilan de santé – il peut, en effet, souffrir du cou, du dos et/ou du bassin. Si le vétérinaire le trouve en parfaite santé, contactez un spécialiste du TTouch qui vous enseignera des exercices corporels susceptibles d'aider votre chien.

Un gant de massage (à gauche) ou un gant en laine de mouton (ci-dessus) remplacent la brosse si le chien est trop sensible au toucher.

Voir aussi… 11 12 16

Lui couper les ongles sans stress

51

Un chien peut redouter la coupe des ongles pour plusieurs raisons : on lui a coupé la partie vivante de l'ongle et il a eu mal ; son maître a saisi sa patte et l'a serrée très fort, ce qui l'a fait paniquer ; le bruit de la pince coupante le rend nerveux ; il n'a pas eu l'habitude d'avoir ses pattes manipulées dans son enfance.

Comment rendre la séance de manucure agréable ?

1. En lui tenant doucement la patte (surtout ne la serrez pas !), commencez par pratiquer le TTouch (p. 35-38) sur ses pattes et autour de ses ongles. Décrivez des cercles avec ses pattes antérieures s'il appréhende qu'on lui touche les pattes.

2. Caressez ses pattes avec la pince coupante.

3. Tenez une allumette ou une brindille près de ses pattes et coupez-la pour l'habituer au bruit de la pince.

4. Coupez l'ongle un peu à l'oblique et expirez au moment où vous coupez – si vous retenez votre souffle, vous risquez de lui serrer la patte trop fort.

Pratiquez le TTouch sur ses pattes.

MOINS QUE TROP

Dans le doute, il est préférable de couper moins que trop. Coupez-lui les ongles régulièrement pour éviter d'enlever trop d'ongle d'un coup, ce qui risque de lui faire mal.

Pratiquer le TTouch autour des ongles et des doigts l'aide à surmonter son appréhension d'avoir les pattes manipulées.

CHATOUILLEUX ?

Si votre chien est chatouilleux, utilisez un pinceau souple d'aquarelliste autour de ses pattes pour réduire sa sensibilité avant de toucher ses pattes avec vos mains.

Voir aussi... 11 12 25

52 Lui faire porter une muselière

L'apprentissage de la muselière faire partie intégrante de l'éducation du chien. Même l'animal le plus placide peut mordre s'il souffre. Si votre chien est habitué à porter une muselière avec laquelle il se sent à l'aise, c'est déjà un sujet d'inquiétude en moins pour lui comme pour vous et le vétérinaire.

Enfiler une muselière ne doit pas être une expérience négative ou désagréable. Les vétérinaires possèdent généralement toutes sortes de muselières de différentes tailles nettoyées après chaque usage, mais votre chien préférera certainement porter la sienne, imprégnée de son odeur. Il peut donc être utile d'investir dans une muselière panier qui lui va parfaitement.

Comment le préparer ?

Si vous pensez que votre chien va se méfier de la muselière, commencez par une petite séance de TTouch sur sa face. Vous pouvez aussi utiliser une écharpe dont vous entourez doucement son museau et que vous attachez sans serrer derrière son cou.

Pratiquez une petite séance de TTouch autour de son museau.

Entourez son museau d'un élastique souple et attachez-lui derrière les oreilles pour lui donner confiance.

Pensez aussi à une petite bande d'élastique souple que vous posez sur son nez, croisez sous sa mâchoire et dont vous attachez les deux extrémités par un nœud derrière ses oreilles. Ne serrez pas trop. Si votre chien la fait glisser avec sa patte, remettez-la lui calmement et donnez-lui une récompense ou jouez avec lui pour le distraire.

PENSÉE POSITIVE

Associez la muselière à quelque chose de positif. Si vous la considérez comme un objet triste ou cruel, votre chien va le sentir et réagir en conséquence.

Si vous l'encouragez, votre chien va s'approcher de la muselière.

Votre chien est content de prendre une friandise dans la muselière.

Tenez doucement les courroies derrière ses oreilles.

1. Posez la muselière par terre et, dès que votre chien la regarde, cliquez et récompensez. Répétez plusieurs fois.

2. Attendez que votre chien s'approche de la muselière pour appuyer sur le clicker et le récompenser.

3. Placez une friandise dedans et cliquez lorsque votre chien se penche pour la manger. Recommencez.

4. Tenez la muselière dans votre main, déposez une friandise près des courroies et cliquez lorsque votre chien s'en empare. Répétez plusieurs fois.

Donnez-lui une friandise à travers la muselière.

5. Déposez une friandise de plus en plus loin dans la muselière jusqu'à pouvoir en déposer une tout au fond et voir votre chien suffisamment confiant pour la prendre.

6. Au moment où votre chien saisit sa friandise, tenez doucement les courroies de la muselière derrière ses oreilles.

S'il panique et tente de se débarrasser de la muselière, gardez la friandise et laissez-le se libérer. Soyez patient et donnez-lui le temps d'avancer et de reculer son museau jusqu'à ce qu'il soit prêt à sortir systématiquement la friandise du fond de la muselière et vous laisse tenir doucement les courroies derrière ses oreilles. Une fois qu'il accepte la sensation des courroies, attachez la muselière. Continuez de le distraire avec des friandises pour qu'il s'habitue à cette nouvelle sensation.

N'oubliez pas de lui mettre sa muselière à la maison et de lui offrir de délicieuses récompenses. S'il doit systématiquement être muselé chez le vétérinaire, mettez-lui sa muselière avant d'entrer dans le cabinet afin qu'il y pénètre aussi sereinement que possible.

À ÉVITER

- *Ne punissez pas votre chien verbalement et ne le muselez pas de force. Il va rapidement apprendre à accepter sa muselière pour obtenir sa friandise, alors soyez patient.*
- *N'attachez pas les courroies avant que votre chien ne fourre son nez dans la muselière avec une totale confiance.*

Voir aussi... 10 11 12 48

53

L'habituer au bruit

Certains chiens sont plus sensibles au bruit que d'autres, mais l'hypersensibilité au bruit ne doit pas devenir une phobie dont ils souffriront pour le restant de leur vie.

Les chiens apprennent de leur entourage. Restez donc totalement neutre lorsque votre chiot ou votre jeune chien entend pour la première fois un feu d'artifice, une pluie battante, le tonnerre, etc. Si vous avez l'air apeuré, votre animal pensera que les bruits forts sont effrayants. Si vous vous agitez en essayant de l'exciter pour lui montrer que les bruits forts sont amusants, vous risquez aussi de lui faire peur. Restez calme et donnez-lui des friandises ou jouez avec lui afin qu'il associe quelque chose d'agréable aux bruits forts.

Les t-shirts et bandes élastiques peuvent aider votre chien à avoir moins peur des bruits de la maison, des voitures, etc.

Tracey pratique le TTouch sur l'arrière-train de Cuillin – qui, du coup, n'est pas effrayé par le camion qui passe derrière.

Si vous le voyez inquiet, mettez-lui un t-shirt ou une bande élastique, puis pratiquez le toucher des oreilles et la Panthère nébuleuse (p. 36-37), à condition qu'il accepte de s'asseoir à vos côtés. S'il éprouve le besoin de se réfugier dans sa cage, autorisez-le à y aller, mais assurez-vous qu'elle n'est pas située à un endroit où l'on entend encore davantage le bruit. Couvrez-la avec une couverture et laissez la porte ouverte pour qu'il se sente libre. Allumez la radio, tirez les rideaux et vaquez à vos occupations habituelles.

La phobie du bruit étant généralement associée à des tensions de l'arrière-train, pratiquez le toucher de la Panthère nébuleuse pour relâcher le bas de son dos, son bassin, sa queue et ses membres postérieurs. Le TTouch a aidé des chiens, même âgés, ayant très peur du bruit.

THÉRAPIE SONORE

N'hésitez pas à acheter des CD pour familiariser votre chien avec les bruits les plus divers (p. 141). Bien sûr, ne les mettez pas à plein tube – ils sont censés aider votre chien, et non le traumatiser.

Voir aussi… 10 11 39 45 46

Lui apprendre le signal « Terminé ! »

54

Jusqu'à présent, le son du clicker a marqué la fin d'un exercice. Mais comme vous perfectionnez les exercices et ajoutez de nouveaux signaux, il vous faut aussi un signal visuel et verbal pour faire savoir à votre chien que le jeu ou l'exercice est terminé.

Personnellement, nous utilisons une légère tape sur l'épaule et le signal verbal « OK », mais rien ne vous empêche d'employer un autre geste et le mot « Terminé ! » L'essentiel est d'être cohérent. Clôturez chaque jeu ou exercice avec les signaux de votre choix.

Marie utilise une légère tape sur l'épaule pour faire savoir à Cookie que l'exercice est terminé.

Voir aussi… 7 8 14 46

… et à se calmer

55

Tous les chiens doivent apprendre à se calmer, que ce soit chez eux, chez des amis, dans les transports en commun ou dans la salle d'attente du vétérinaire.

Si vous avez obtenu le certificat d'aptitude aux exercices de niveau 1, votre chien est habitué au tapis d'éducation (fiche 27). À présent, employez la même méthode pour lui apprendre à réagir à un signal en se couchant sagement sur un petit tapis ou un couchage. Essayez d'obtenir qu'il reste tranquille de plus en plus longtemps, si besoin en lui donnant un Kong® à mâcher rempli de friandises.

Sage partout, en toutes circonstances

Une fois qu'il a appris à se calmer chez lui, enseignez-lui ce comportement à l'extérieur, dans différents endroits, en utilisant le même tapis ou couchage pour qu'il fasse le lien. Dès qu'il comprend ce que vous attendez de lui, ajoutez un signal verbal du type « Sage ! »

Utilisez le tapis d'éducation pour apprendre à votre chien à se calmer en se couchant sur un tapis ou un couchage.

Voir aussi… 28 38 46

56 Lui apprendre à se cacher derrière vous

Un chien peut être tout excité ou avoir peur de voir arriver sur lui des objets (voitures, vélos, etc.), des congénères ou d'autres animaux, surtout s'il est en laisse. Si vous êtes sur une voie étroite, il n'est pas toujours possible de vous déporter pour laisser le passage. En revanche, vous pouvez apprendre à votre chien à se cacher derrière vous.

En apprenant à votre chien à se cacher derrière vous, il n'éprouvera pas le besoin d'aboyer ou de tirer sur sa laisse. Cela lui enseigne aussi la maîtrise de soi et lui fait comprendre que c'est beaucoup mieux pour lui de passer derrière pour éviter que l'excitation soit à son comble.

Pour commencer

Au départ, apprenez-lui cet exercice loin des sentiers étroits et des objets en mouvement.

Marie apprend à Cookie à « se cacher » sur un chemin très fréquenté.

Cookie passe derrière Marie au passage d'un vélo et se voit récompensée.

1. Vous tenez votre chien en laisse à votre gauche. Encouragez-le à suivre votre main à gauche, puis cliquez et récompensez.

2. Reculez la jambe gauche et déplacez votre main légèrement derrière vous. Cliquez et récompensez dès que votre chien suit puis touche votre main avec son nez. Répétez plusieurs fois.

3. Déplacez votre main derrière vous et, dès que le chien la suit, cliquez et récompensez.

4. Lorsque votre chien passe derrière vous à chaque signal gestuel, ajoutez un signal verbal du type « Caché ! »

Voir aussi… 24 25 26 44 46

… et à rester seul

57

Tous les chiens doivent apprendre à rester seuls de temps en temps. S'ils deviennent grognons ou surexcités, cela leur donne l'occasion de se calmer, de se coucher sagement et de faire un petit somme. Et puis vous ne pouvez pas être tout le temps avec votre chien – c'est donc dans son intérêt que vous devez lui apprendre à accepter les moments de solitude dès son plus jeune âge.

Votre chien ne doit pas souffrir de ses moments de solitude.

Ne le laissez pas sans rien

Au début, laissez votre chien seul pendant de très courtes périodes sans quitter la maison. Veillez à ce qu'il ait pu sortir faire ses besoins. Choisissez un endroit calme et sûr où il sera bien. Mettez la radio très bas et donnez-lui une couverture ou un pull-over imprégné de votre odeur (récente) pour le rassurer. Il pourra se coucher dessus s'il le souhaite.

Juste avant votre départ, adoptez un comportement neutre et évitez les contacts excessifs. Si vous lui parlez et le câlinez juste avant de partir, il souffrira encore plus de votre absence. Laissez-lui des friandises particulièrement savoureuses pour l'occuper. Et pensez à lui réserver un jouet que vous lui donnez uniquement pendant votre absence et que vous rangez à votre retour.

Votre chien doit supporter sans problème de rester seul pendant de courtes périodes.

Cookie est très heureuse de rester parfois seule avec son Kong®.

Augmentez progressivement la durée de vos absences afin qu'il apprenne à rester seul de plus en plus longtemps sans en être traumatisé.

RETOUR SANS EFFUSIONS

À votre retour, évitez de l'accueillir avec des cris de joie et de le caresser dans la plus grande excitation. Saluez-le calmement et restez neutre pendant un certain temps, puis faites-lui savoir qu'il s'est bien comporté et montrez-lui tendrement combien il vous a manqué.

Voir aussi… 1 55 58

58 Lui apprendre à accepter les « temps morts »

Les « temps morts » imposés au chien le privent de l'attention de son maître quand il se comporte mal pour attirer celle-ci. Mais, si votre chien vous sollicite parce que vous ne vous êtes pas occupé de lui ou qu'il est resté seul un long moment, il mérite que vous passiez un peu de temps à jouer avec lui.

Cookie s'offre un « temps mort » au milieu d'une partie de jeu endiablée.

Les « temps morts » les plus efficaces consistent à sortir de la pièce pendant deux minutes en refermant la porte derrière vous. Toutefois, s'il y a d'autres membres du foyer ou d'autres animaux dans la pièce que votre chien peut harceler, attachez une laisse légère à son collier dès qu'il devient exigeant ou surexcité. S'il se met à jouer à mordre, à grimper sur vous ou sur vos proches, prenez-le calmement par sa laisse, faites-le sortir et fermez la porte derrière vous pendant deux minutes. S'il réclame à nouveau votre attention dès que vous le laissez revenir, recommencez jusqu'à ce qu'il comprenne que son mauvais comportement n'attire l'attention de personne.

S'il est impossible de le faire sortir ou de sortir vous-même, essayez de l'immobiliser en douceur (fiche 11) pour l'apaiser.

FAITES COURT

Gardez un langage corporel neutre et évitez de lui parler ou de le regarder. Même un coup d'œil furtif peut être assimilé à une récompense dans sa tête. Pour être efficace, un temps mort doit être court : pas plus de quelques minutes. Exclure votre chien pendant une heure peut vous soulager à court terme, mais votre compagnon ne tirera rien de cette expérience.

Voir aussi… 14 18 46 47 55

L'habituer au rituel du coucher

59

Il va sans dire que votre chien doit faire ses besoins avant d'aller se coucher. Évitez les jeux excitants, peu propices à l'endormissement, juste avant l'heure du coucher. Et, si nécessaire, recourez à une petite séance de TTouch (p. 35-38) pour apaiser votre chien et le préparer doucement à une nuit tranquille.

Où mettre son couchage ?

C'est à vous de choisir l'endroit où dormira votre chien. Son couchage doit être chaud, confortable et placé dans un endroit commode. La plupart des chiens privilégient leur cage ou l'endroit où ils restent seuls dans la journée.

Votre chien peut partager votre chambre, à condition que vous lui ayez fixé des règles bien claires concernant son comportement et l'endroit où il dormira. Sinon, il pensera avoir des droits territoriaux et, s'il se sent chez lui sur votre lit, risque de grogner quand vous bougez la nuit ou de vous interdire l'accès à votre lit quand vous vous levez pour aller aux toilettes.

Un chien intelligent peut aussi imaginer un plan très ingénieux. Il gratte à la porte de votre chambre pour vous tirer de votre paisible sommeil, puis, alors que vous allez lui ouvrir à pas de loup, les yeux mi-clos, il se glisse dans la chaleur d'un lit que vous lui avez aimablement ouvert. Ce n'est pas votre chien qui tente de s'imposer comme le chef ou qui se montre dominant : c'est vous qui oubliez de lui fixer des limites (voir aussi fiche 60). Pour éviter ce type de situation, vérifiez qu'il a toujours son propre couchage ou sa cage dans la chambre et qu'il sait où il doit aller dormir.

De plus, si vous partagez votre lit avec quelqu'un, votre chien n'a tout simplement pas à s'immiscer dans votre vie intime. Votre chien a sa vie, et vous, la vôtre.

Apprenez à votre chien à dormir dans son propre couchage, même s'il est dans votre chambre.

Voir aussi… 1 57 58

60 Lui apprendre à respecter votre espace personnel

Vous devez respecter l'espace personnel de votre chien et lui doit respecter le vôtre. Certes, nous aimons tous les câlins, mais par moments, nous devons pouvoir, nous aussi, avoir notre espace de tranquillité et de liberté sans être obligés de fermer la porte derrière nous.

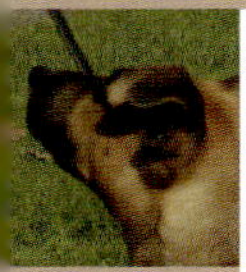

L'histoire de Cookie

Lorsque nous avons adopté Cookie, elle était vraiment, vraiment difficile. Elle avait appris à mordre tout ce qu'elle pouvait, dont nos mains, pour attirer l'attention. Il était impossible de travailler quand elle était dans le bureau. Même si elle apprenait rapidement les bonnes manières, quand Sarah était assise à son bureau, Cookie lui sautait dessus, aboyant et mordillant pour se faire remarquer. Il est très difficile de ne pas prêter attention à un chien qui ne vous lâche plus la main, vous la laissant avec de graves ecchymoses.

Sarah a posé du ruban adhésif au sol, en travers de la pièce, pour apprendre à Cookie – à l'aide du clicker – à rester de l'autre côté du scotch jusqu'à ce qu'elle l'appelle. C'était un jeu amusant pour Cookie et une technique très commode pour Sarah. La bande adhésive fixait une limite très claire à Cookie ; de l'autre côté du ruban, dans son espace personnel, Cookie avait son couchage, un jouet à mâcher, des friandises – autrement dit, que des choses agréables. Vous pouvez adopter une technique similaire pour fixer des limites à votre chien.

Sarah étend l'éducation de Cookie au monde extérieur et n'a plus besoin de ruban adhésif pour lui fixer des limites.

Voir aussi… 1 57 58

Exercices de niveau 2

Exercices de niveau 2 – Aptitudes clés

Les exercices et les jeux de niveau 2 reposent sur les comportements de base acquis par votre chien. Ils constituent une progression importante par rapport aux exercices de niveau 1 et une préparation aux exercices de niveau 3, plus difficiles.

Nous avons ajouté de nouveaux jeux et exercices plus difficiles – rester debout, assis ou couché, suivre une baguette colorée, travailler avec une autre personne et être promené par un enfant, entre autres – qui vous permettront de poursuivre l'éducation de votre chien d'une manière toujours aussi ludique et variée.

Si votre chien (ou vous !) rencontrez des difficultés avec un exercice à un moment donné, revenez en arrière et reprenez les exercices de niveau 1 pour consolider vos bases. Si, pour une raison ou une autre, vous avez dû interrompre les séances d'éducation, nous vous conseillons de revoir les exercices précédents pour vérifier que votre chien maîtrise parfaitement les différents signaux et adopte systématiquement les comportements souhaités avant de passer aux exercices de niveau 2.

Préparation aux obstacles

Vous trouverez des exercices encore plus amusants pour stimuler l'intelligence de votre chien à partir de la page 113.

Vous êtes bien partis, vous et votre chien, pour décrocher votre certificat d'aptitude aux exercices de niveau 2, mais pas de précipitation ! Il y a encore beaucoup de travail à accomplir et le plus important est que vous preniez tous les deux plaisir à partager ces séances éducatives.

100 clés pour dresser son chien

Certificat d'aptitude aux exercices de niveau 2

Nous attestons que

Nom du maître : ________________ & Nom du chien : ________________

ont accompli ce programme avec succès et méritent les titres de « chien parfait » et de « maître parfait ». Bravo !

Sarah et Marie

61 L'habituer à être manipulé par une autre personne

Une fois que votre chiot ou votre chien accepte d'être touché sur tout le corps avec plaisir, continuez son éducation en l'habituant à être manipulé par quelqu'un d'autre.

Habituer votre chien à être manipulé par d'autres personnes est indispensable pour le conduire chez le toiletteur ou le vétérinaire. Le TTouch (p. 35-38) fait ici des merveilles pour détendre le chien et le rendre réceptif aux manipulations.

Monty est souvent un peu timide avec les autres personnes. Il lèche la main de Sarah, ce qui peut être un signe d'inquiétude.

1. Laissez votre chien s'approcher d'une amie et la saluer comme il faut.

2. Si votre chien est anxieux, jouez à un jeu qu'il connaît en demandant à votre amie de rester calmement debout à le regarder jouer ou allez faire un tour tous les trois.

3. Essayez de mettre une seconde laisse à votre chien et demandez à votre amie de la tenir pendant la balade. Vous pouvez utiliser le clicker et les récompenses pour faire comprendre à votre animal que les autres personnes ne sont pas des menaces et qu'il peut avoir des expériences agréables quand quelqu'un d'autre est près de lui.

Observez son langage corporel et prenez votre temps. Montrez à votre amie comment approcher votre chien et demandez-lui de présenter le dos de sa main pour établir le contact. Il est important qu'elle ne se penche pas sur le chien et/ou le regarde fixement.

Si votre chien est content, demandez à votre amie de le caresser. Sarah pratique le TTouch pour que Monty soit plus confiant.

Voir aussi… 11 12 41

… et à être toiletté par une autre personne

62

Ce n'est pas parce que votre chien accepte d'être caressé par un(e) ami(e) ou un membre de la famille (fiche 61) qu'il acceptera d'être toiletté par quelqu'un d'autre que vous. S'il refuse d'être toiletté par une autre personne, il détestera aller chez le toiletteur qui, de son côté, ne sera pas non plus ravi de le voir !

Il suffit parfois de modifier un seul élément pour tout changer : les chiens qui aiment être toilettés par telle ou telle personne peuvent paniquer en voyant arriver quelqu'un d'autre avec une brosse.

Pour commencer, suivez les étapes de la fiche 61. Si votre chien apprécie d'être caressé sur tout le corps, votre amie peut essayer d'aller plus loin en sortant sa brosse de votre poche. Si votre animal semble un peu réticent, donnez un gant en laine de mouton ou un gant de massage (p. 20 et 141) à votre amie et montrez-lui comment pratiquer le TTouch avec.

Observez constamment l'expression de votre chien. Il peut rester immobile parce qu'il est content ou parce qu'il s'est figé sur place, se sentant mal à l'aise, dérouté ou menacé (p. 32). Dans ce cas, dites à votre amie d'arrêter, prenez votre chien et faites-lui faire un tour.

Voir aussi… 11 12 50

Lui apprendre à rester assis

63

Maintenant que votre chien s'assied sur commande, différez le clic de quelques secondes pour prolonger le temps durant lequel il reste assis – une introduction à la notion de « rester ». Il comprendra vite que la récompense n'apparaît pas s'il bouge avant d'entendre le bruit du clicker. Augmentez progressivement la durée de la position assise, mais variez-la pour éviter qu'il l'anticipe.

Au début de l'exercice, s'il bouge, attendez un moment pour voir s'il peut comprendre tout seul ce que vous attendez de lui et se rasseoir. S'il se rassied, cliquez et récompensez-le au bout de quelques secondes. S'il a du mal à comprendre ce qu'il doit faire, encouragez-le à se rasseoir à l'aide du signal que vous lui avez appris.

Si votre chien est capable de rester assis pendant deux minutes, introduisez un signal verbal et visuel. Dites doucement « Reste assis ! » tout en mettant votre main à l'horizontale à hauteur de votre poitrine, par exemple. Il est inutile de crier ou de mettre votre main à plat devant sa tête pour lui montrer qu'il doit rester assis.

Augmentez le temps pendant lequel votre chien reste assis.

Voir aussi… 25

64 Lui apprendre à rester couché

Maintenant que votre chien se couche sur commande, différez le clic de quelques secondes pour augmenter le temps durant lequel il reste couché. Il ne va pas tarder à comprendre qu'il n'aura pas de récompense s'il bouge avant d'entendre le son du clicker.

Si votre chien bouge, patientez un moment pour lui donner l'occasion de comprendre tout seul ce que vous attendez de lui. S'il se recouche, appuyez sur le clicker et récompensez-le s'il reste couché quelques secondes. Mais s'il a du mal à comprendre ce qu'il doit faire, encouragez-le à se recoucher en lui donnant le signal « Couché ! » que vous lui avez appris.

Augmentez progressivement la durée de la position couchée jusqu'à ce qu'il puisse la maintenir environ trois minutes, mais variez les durées pour éviter qu'il ne les anticipe. Introduisez le signal verbal « Reste couché ! » de la manière décrite à la fiche 63.

Voir aussi... 17

65 ... à rester debout

Maintenant que votre chien se lève sur commande, vous pouvez lui apprendre à rester debout en suivant les étapes décrites aux fiches 63 et 64. Augmentez peu à peu la durée pendant laquelle il reste debout, mais variez-la régulièrement pour éviter qu'il l'anticipe. Cette part d'imprévisibilité l'aidera à rester concentré.

Donnez-lui le signal « Debout ! » et différez le clic de quelques secondes pour augmenter le temps durant lequel il reste debout. Il va vite comprendre qu'aucune récompense n'apparaît s'il bouge avant d'entendre le bruit du clicker.

S'il bouge, attendez un moment pour voir s'il peut comprendre tout seul ce que vous attendez de lui et se relever ou rester immobile debout. Si c'est le cas, cliquez et récompensez au bout de quelques secondes. S'il a du mal à comprendre ce qu'il doit faire, encouragez-le à se remettre debout ou à rester dans cette position en lui donnant le signal « Debout ! » que vous lui avez appris. À présent, essayez d'introduire le signal verbal « Reste debout ! »

Voir aussi... 28 63 64

… et à garder une position malgré les distractions

66

La cerise sur le gâteau ? Renforcer ses bons comportements – il reste assis, couché ou debout sur commande – en introduisant des éléments susceptibles de le distraire.

Quel maître n'a pas vu s'écrouler un jour le bon comportement systématique de son chien comme un château de cartes ? Pourquoi ? Parce que le chien est habitué à maintenir une position dans un endroit donné et un environnement toujours calme. Dès que le maître lui demande de garder une position dans un autre lieu associé à des bruits inhabituels, du mouvement et beaucoup de stimuli attractifs, ce chien à la conduite jusque-là irréprochable n'obéit plus du tout ! En vérité, il fait exactement ce que vous lui avez appris : garder la position dans un environnement familier.

1. Tenez votre chien en laisse à côté de vous et demandez-lui de rester dans sa position.

2. Lâchez un jouet ou une récompense de faible valeur à ses yeux un peu plus loin. S'il tente d'avancer, barrez-lui la route et ramassez le jouet ou la récompense avant lui.

3. Répétez l'exercice jusqu'à ce qu'il soit capable de garder la position quelques secondes sans bouger.

4. Avancez, ramassez le jouet ou la récompense, revenez vers lui, donnez-lui le signal « Terminé ! » et récompensez-le.

5. Augmentez progressivement le temps durant lequel il peut maintenir sa position.

Embauchez des amis ou des proches pour distraire intentionnellement votre chien. Augmentez peu à peu le degré d'attractivité des distractions et n'oubliez pas de bien récompenser votre chien s'il résiste à la tentation.

Enfin, veillez à pratiquer à égalité les signaux « Reste assis ! », « Reste couché ! » et « Reste debout ! », avec et sans distractions, et dans différents lieux pour renforcer l'obéissance de votre chien.

Répétez l'exercice avec de la nourriture. Veillez à ce que la laisse soit lâche et à ce que votre chien reste bien assis.

Demandez-lui de rester assis et lancez un jouet un peu plus loin.

Marie récompense Maisie en ramassant son jouet et en lui rapportant.

Voir aussi… 54 63 64 65

67 L'habituer à ne pas rester collé à vous

Un chien sûr de lui trottera gaiement devant vous avec la personne qui vous accompagne sans paniquer. Les chiens « pots de colle », incapables de quitter leur maître d'une semelle, développent souvent une anxiété de séparation en grandissant, d'où l'importance d'apprendre cet exercice à votre animal pour qu'il gagne en autonomie.

Pour commencer

Gardez une voix et un langage corporel neutres.
La personne qui vous accompagne doit, elle aussi, être calme et confiante.

1. Marchez tranquillement avec cette personne, puis passez-lui votre laisse et votre sac à friandises ou à jouets en veillant à ce que votre chien vous regarde. Laissez-les continuer sans qu'ils ne reviennent vers vous.

Orsa sort volontiers se balader avec Naomi.

Marie, Sarah et Naomi se promènent dans le parc avec Orsa, Cookie et Fluffy. Orsa est très contente de marcher tout près de Naomi, même si Sarah est sa maîtresse et lui fait des infidélités !

2. La personne peut récompenser le chien s'il porte son attention sur elle et non sur vous, en jouant avec lui ou en lui offrant une friandise.

3. Une fois que votre chien a parcouru une courte distance, la personne qui l'accompagne doit revenir sur ses pas pour vous rejoindre. Restez neutre et répétez l'exercice pour accroître la confiance de votre chien.

Il va de soi que vous ne devez pas encourager votre chien à partir avec un parfait inconnu. Ce serait imprudent et dangereux. Mais il doit avoir suffisamment confiance en lui pour être promené par une personne de votre entourage qu'il connaît et à laquelle vous avez confié son jouet favori ou votre sac à friandises.

Voir aussi… 25 26 41 61

… et à être promené par un enfant

68

Les enfants adorent prendre part à la promenade de leur chien et, même s'ils sont tout petits, il existe un moyen de les faire participer sans risque d'accident ou de blessure pour eux comme pour l'animal.

Harry n'étant pas habitué à un chien aussi imposant qu'Orsa, il commence par marcher un peu en retrait.

1. Munissez-vous d'une laisse supplémentaire à enfiler à travers le collier de votre chien ou, encore mieux, à attacher à un harnais. Attachez une laisse au collier et l'autre au harnais. N'utilisez pas deux colliers séparés. Assurez-vous que les deux laisses ne sont pas attachées au même anneau.

2. Veillez à tenir d'un côté la laisse principale et laissez l'enfant tenir la seconde laisse de l'autre côté. Vous éviterez ainsi que l'enfant soit entraîné par le chien et que l'animal soit dirigé n'importe où par un enfant trop enthousiaste !

Voyant que tout se passe bien, Harry devient plus courageux et prend confiance.

Voir aussi… 23 25 26 43 61

69 Lui apprendre à rapporter un objet

Cet exercice est la suite logique de la fiche 18 Jouer avec lui. Maintenant, votre chien ne garde plus jalousement son jouet dans sa gueule ou entre ses pattes et il sait « partager ». Vous allez donc lui apprendre à rapporter un objet à l'aide du clicker, ce qui vous servira pour certains exercices ultérieurs.

Pour commencer

1. Asseyez-vous sur un siège et laissez tomber à terre, juste devant vous, l'un des jouets de votre chien. S'il le regarde, cliquez et récompensez. Répétez plusieurs fois cette première étape.

2. Si votre chien se déplace vers le jouet, cliquez et récompensez. Répétez plusieurs fois.

3. Attendez que votre chien touche le jouet pour cliquer et récompenser. Répétez plusieurs fois.

Cookie touche le jouet.

Cookie entend le clicker et attend sa récompense.

Cookie ramasse le jouet et le rapporte à Marie.

4. Attendez pour voir s'il ramasse le jouet. Cliquez et récompensez.

5. Ne cliquez pas tout de suite pour encourager votre chien à garder le jouet plus longtemps dans sa gueule. S'il le lâche, restez neutre et attendez qu'il l'ait repris et tenu dans sa gueule quelques secondes avant de cliquer et de récompenser.

6. Continuez jusqu'à ce que le chien ramasse le jouet et vous le rapporte systématiquement.

Cookie ramasse le jouet et le rapporte systématiquement.

Un peu plus difficile…

Étape suivante : posez une main sous le jouet que votre chien tient dans sa gueule ; cliquez dès qu'il le lâche directement dans votre main et récompensez (veillez à avoir le clicker dans l'autre main et loin de ses oreilles !).

Poursuivez l'apprentissage jusqu'à ce que votre chien soit capable de s'asseoir sur commande avec le jouet dans la gueule. Soyez patient. Certains chiens ont plus d'aptitudes que d'autres (et, croyez-nous, cela n'a rien à voir avec le sexe de l'animal !).

À présent, demandez à votre chien de rapporter le jouet quand vous êtes debout. N'oubliez pas de garder un langage corporel neutre. Évitez de le fixer ou de vous pencher sur lui lorsqu'il revient.

Dès que votre chien comprend ce que vous attendez de lui, ajoutez un signal verbal du type « Rapporte ! » ou « Rapporte l'objet ! » (Si vous pensez que les chiens ne peuvent mémoriser que les mots à une seule syllabe, vous vous trompez.)

Enfin, vous pouvez lui lancer le jouet très loin – normalement, il saura le rapporter pour obtenir sa récompense.

Oz joue sur la plage avec Marie. L'apprentissage du rapport d'objet vous permet de relancer l'attention de votre chien lorsque vous êtes dehors et donne à l'animal l'occasion d'être davantage stimulé physiquement et mentalement que lors d'une simple marche au pied.

Voir aussi… 16 17 18 19 28

70 Lui apprendre à rapporter plusieurs objets

Maintenant que votre chien prend plaisir à vous rapporter un objet, l'heure est venue de placer la barre plus haut et de lui apprendre à rapporter plusieurs objets lancés simultanément. Essayez d'utiliser des jouets fabriqués dans des matériaux différents et offrant différentes textures.

Certains chiens pouvant être déroutés à l'idée de rapporter plusieurs objets, commencez par lancer seulement deux jouets à une courte distance. Développez progressivement la confiance du chien jusqu'à ce qu'il soit capable de vous rapporter une demi-douzaine d'articles à la suite.

S'il refuse de rapporter tel ou tel jouet parce qu'il n'aime pas sa texture, reprenez l'exercice de la fiche 18 et jouez avec votre chien pour lui faire prendre plaisir à vous rapporter n'importe quel jouet.

Rapporter plusieurs objets est un défi supplémentaire.

Donnez-lui un signal verbal du type « Hors jeu ! » pour lui faire savoir que l'objet n'a plus d'intérêt et l'inciter à rapporter l'objet suivant.

DES OBJETS ATTRACTIFS

L'objet que vous lancez à votre chien doit être particulièrement attractif. Pour lui donner envie, jouez quelques instants avec les jouets qu'il vous rapporte ou, tout au moins, félicitez-le avant de lui demander de vous en rapporter un autre. Si les objets que vous choisissez ne sont ni amusants ni gratifiants pour votre chien, il va finir par se lasser.

Voir aussi… 18 19 69

Lui faire accepter d'être attaché

71

Accepter d'être attaché est un bon exercice de maîtrise de soi pour le chien et, un jour, une urgence peut vous amener à devoir attacher le vôtre pendant quelques minutes. Cet exercice lui apprend aussi à apprécier une laisse tenue lâchement.

Cookie accepte sans broncher d'être attachée à la clôture.

1. Utilisez un collier plat ou, encore mieux, un harnais, et veillez à ce que votre laisse soit dotée d'un mousqueton. Préparez votre clicker et vos friandises.

2. Demandez à votre chien de rester assis ou debout. S'il bouge, ne faites rien, et dès qu'il ne tire plus sur sa laisse, cliquez et lâchez une friandise au sol – en veillant à ce qu'elle soit à sa portée !

3. Répétez plusieurs fois l'exercice dans le cadre de séances courtes. À mesure que votre chien prend confiance, augmentez la distance qui le sépare de vous.

4. Une fois que le chien a compris, disparaissez de sa vue. Si vous n'êtes pas allé trop vite, votre chien restera calme et ne bougera pas. Demandez alors à une amie de cliquer et de le récompenser.

Note importante

Nous vous dissuadons d'attacher votre chien à l'extérieur d'un magasin, aussi gentil et bien éduqué qu'il soit. Il est une cible facile, n'importe qui peut le taquiner, voire l'importuner en passant, et, surtout, vous risquez qu'on vous le vole.

Voir aussi… 63 66

72 Lui apprendre à suivre une baguette colorée

Le suivi de la baguette colorée est la suite logique du suivi de la main (fiche 24). Cet exercice est particulièrement utile si vous avez un chien de petite taille – vous lui apprendrez à vous suivre à distance et à marcher au pied en laissant du jeu à sa laisse sans avoir à vous pencher. Votre dos vous remerciera !

Vous pouvez vous procurer une baguette colorée dans le commerce ou fabriquer la vôtre. Celle que nous utilisons est télescopique et dotée d'un jouet aux couleurs vives à son extrémité. Vous pouvez varier sa longueur, ce qui en fait un outil polyvalent et attractif aux yeux du chien.

1. Tenez la baguette à la verticale, le jouet à hauteur des yeux de votre chien. Au moment où il la regarde, cliquez et récompensez.

Tenez la baguette à hauteur des yeux de votre chien pour attirer son attention.

Marie clique avant que Layla ouvre sa gueule et tente de saisir le jouet.

2. Dès que le chien se déplace vers la baguette, cliquez et récompensez. Veillez à cliquer avant qu'il ouvre sa gueule pour essayer de saisir le jouet au bout.

3. Faites bouger lentement la baguette dans différentes directions ; cliquez et récompensez si votre chien la suit.

Progressez à un rythme susceptible de maintenir l'intérêt de votre chien. Soyez créatif et imaginez des tours à lui apprendre, par exemple décrire un cercle à gauche ou à droite.

Voir aussi… 24 27

Travailler avec le jeu de bascule

73

Le travail sur le jeu de bascule est la suite logique du travail sur le support à faible hauteur (fiche 35). Si vous êtes un peu bricoleur, vous pouvez fabriquer vous-même un jeu de bascule en bois.

Apprendre à son chien à marcher sur une surface mouvante améliore son équilibre, sa coordination et sa maîtrise de lui-même. Cela sert aussi aux chiens qui appréhendent les voyages en voiture – en raison, pour certains, d'un manque de stabilité. Vous pouvez ajouter cet exercice à d'autres tels la marche sur un support à faible hauteur, le franchissement de poteaux au sol et le saut d'obstacles pour créer votre miniparcours d'agility.

Sally marche sur le jeu de bascule, ce qui l'aidera à ne plus appréhender les voyages en voiture (ci-dessus et ci-dessous).

1. Commencez par placer deux blocs sous chaque extrémité du jeu de bascule pour lui éviter de bouger. Mettez un harnais, un collier plat et une laisse à double attache à votre chien.

2. Ôtez un bloc pour que la planche s'abaisse lorsque le chien monte dessus pour la première fois. Faites-le marcher jusqu'au milieu de la planche et demandez-lui de s'asseoir ou de rester debout. Puis demandez-lui d'aller jusqu'au bout de la planche.

3. Ôtez le second bloc et répétez l'étape 2 en veillant à apprendre à votre chien à marcher sur le jeu de bascule dans les deux sens. Il doit s'habituer à marcher lentement et calmement dessus.

4. À présent, vous pouvez lui demander de marcher sur le jeu de bascule sans laisse.

Voir aussi… 34 35 36

74 Lui apprendre à franchir des poteaux sans laisse

Pratiquez cet exercice une fois que votre chien franchit joyeusement des poteaux au sol (fiche 34). Il apprendra à se concentrer sur la position de votre main et à ne pas se laisser distraire. Ne lui demandez pas de sauter des obstacles trop élevés ou de s'exercer s'il souffre des épaules, du dos ou de l'arrière-train.

Procurez-vous des petits cônes et des poteaux dans un magasin de sport ou sur Internet. Disposez vos obstacles en cercle à 15 cm au maximum du sol pour ne pas décourager votre chien.

1. Sautez par-dessus les obstacles et encouragez votre chien à vous suivre. Cliquez quand il saute et récompensez-le au moment où il atterrit.

2. Une fois qu'il semble apprécier l'exercice, demandez-lui de s'asseoir et de rester assis devant l'un des obstacles. Mettez-vous de l'autre côté de l'obstacle, à 2 ou 3 m, et appelez-le. Lorsqu'il saute, donnez-lui un signal verbal du type « Hop ! » N'oubliez pas de cliquer et de récompenser.

Cookie s'amuse bien en apprenant à franchir des obstacles avec Marie.

Vous pouvez varier l'exercice en vous plaçant au centre du cercle et en utilisant votre main pour l'inciter à sauter.

Si votre chien passe facilement ses membres antérieurs mais bute sur l'obstacle avec ses membres postérieurs, pratiquez les zigzags du TTouch (p. 38) sur son dos et son arrière-train.

Calgacus adore sauter !

Tracey appelle Calgacus pour l'inciter à sauter et le récompense ensuite.

Voir aussi… 24 34 73

… et à jouer au Dog Tornado

75

Oubliez l'image du bull-terrier arrivant comme une tornade pour saluer des membres de la famille en visite. Le Dog Tornado de Nina Ottosson est un peu plus élaboré, mais tout aussi amusant que le Dog Spinny (fiche 32).

Le principe du Dog Tornado est identique à celui du Dog Spinny, sauf que le chien dispose de trois plateaux pivotants à faire tourner avec son museau – autant de friandises supplémentaires !

Archie fait pivoter trois plateaux avec son museau.

Voir aussi… 32 33

Jouer avec lui au Dog Smart

76

Dog Smart est un jeu éducatif de Nina Ottosson (p. 21). Ici, le chien utilise intelligemment la grande dextérité de son museau et de sa gueule au lieu de voler un pot de pesto sur la table de la cuisine et de dévisser délicatement le couvercle sans laisser dessus la moindre trace de dents !

Le chien doit faire sortir chaque bloc pour accéder aux friandises cachées. En principe, il ne doit pas s'aider de sa patte pour les renverser.

1. Remplissez le jeu de friandises sous le nez de votre chien. Asseyez-vous avec lui et montrez-lui que les friandises sont cachées sous les blocs en bois. Laissez-le comprendre tout seul, mais ne le laissez pas courir comme un fou dans le salon ou le jardin avec les blocs. Il ne doit pas les assimiler à des lots !

2. Encouragez-le et félicitez-le lorsqu'il « brûle ».

Variez le jeu en cachant des friandises uniquement sous quelques blocs. Voyez s'il découvre tout seul ceux qui dissimulent les friandises.

Sarah montre à Archie où les friandises sont cachées (ci-dessus). Archie retire délicatement le bloc (ci-contre)… et saisit sa friandise !

Voir aussi… 32 33 75

77 Lui apprendre à slalomer entre des piquets

Cet exercice ne vous demande pas d'adopter une posture particulière pour entraîner votre chien. C'est simplement une façon amusante de l'aider à développer son attention et à acquérir une nouvelle aptitude. De plus, il entretient sa souplesse et lui donne une plus grande liberté de mouvement au niveau de sa cage thoracique.

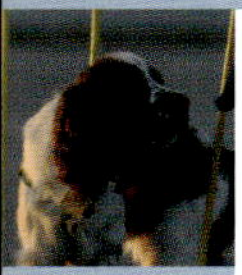

Commencez par slalomer ensemble entre les piquets, votre chien tenu en laisse.

1. Disposez vos piquets en ligne sur la plage. (Si vous n'avez pas la chance d'habiter près d'une belle plage, votre jardin fera l'affaire.)

2. Tenez votre chien en laisse et slalomez ensemble entre les piquets pour lui apprendre le mouvement.

3. Tenez une friandise dans votre main la plus proche des piquets et demandez à votre chien de suivre le mouvement de cette main.

Offrez-lui régulièrement des récompenses pendant la séance. N'oubliez pas de travailler dans les deux sens. Veillez à ne pas lui bloquer le passage en vous penchant au-dessus de lui ou en restant devant lui.

Demandez à votre chien de suivre votre main.

Voir aussi… 22 23 24 34

Certificat d'aptitude aux exercices de niveau 2

Bravo ! Nous sommes impressionnées ! Faites une photocopie de votre certificat d'aptitude aux exercices de niveau 2 (p. 101), fixez-le à la porte de votre réfrigérateur et ne laissez aucun proche ou ami s'attabler dans la cuisine sans l'avoir admiré pendant au moins dix minutes.

Exercices de niveau 3

Vous avez atteint la dernière étape de votre programme d'éducation. Même si cela ne s'est pas fait en un jour, vous pouvez être fier de ce que vous avez réalisé jusque-là avec votre compagnon à quatre pattes, et dites-vous que, dès à présent, votre chien va susciter bien des compliments de la part de vos amis.

Exercices et jeux en plus

Vous trouverez ici quelques exercices supplémentaires à apprendre à votre chien et, si vous le souhaitez tous les deux, encore de nouveaux jeux originaux à partir de la page 127. Vous avez déjà obtenu des résultats tout à fait remarquables et votre partenariat semble fonctionner à merveille. Votre chien est maintenant un animal sociable, bien dans sa peau et sûr de lui, que vous vous relaxiez ensemble à la maison, que vous découvriez de nouveaux horizons à l'extérieur ou que vous participiez à des épreuves sportives.

Si votre chien appréhende encore certaines choses de la vie, ne soyez surtout pas découragé. En lui apprenant les exercices de niveaux 1 et 2, vous lui avez donné de très bonnes bases que les expériences de la vie, multiples et variées, viendront compléter. Comme les humains, les chiens ont chacun leur personnalité, et c'est ce qui fait tout l'intérêt de les éduquer et de vivre à leur côté. N'oubliez pas qu'ils continuent d'apprendre tout au long de leur existence, et vous serez étonné de voir à quel point votre chien gagne encore en confiance au fil des années. Toutes les deux, nous possédons des chiens qui ont réclamé beaucoup de compréhension et de réconfort à certains moments de leur vie, principalement parce qu'ils avaient peur de tout lorsque nous les avons adoptés. Si vous pensez ne jamais pouvoir apprendre à votre chien les exercices de niveau 3 que nous vous proposons ici, faites une pause et regardez en arrière. Revoyez les débuts de votre partenariat : quel chemin parcouru jusqu'ici ! Proposez-lui des exercices amusants, comme sauter des obstacles ou ranger ses jouets avant d'aborder les aptitudes clés (p. 118 à 126), peut-être un peu plus rébarbatives à apprendre, ou reprenez les exercices de niveaux 1 et 2.

Rappelez-vous que votre chien se moque totalement de ce que les gens pensent de lui et n'a d'yeux que pour vous.

100 clés pour dresser son chien

Certificat d'aptitude aux exercices de niveau 3

Nous attestons que

Nom du maître : ________ & Nom du chien : ________

ont accompli ce programme avec succès et méritent les titres de « chien parfait » et de « maître parfait ». Bravo !

Sarah et Marie

Lui apprendre à rester assis hors de votre vue

78

Si votre chien est capable de rester assis pendant 2 minutes (fiche 63), essayez de lui apprendre à rester assis alors qu'il ne vous voit pas.

1. Trouvez un endroit où vous pouvez vous éloigner de votre chien d'une dizaine de mètres et vous cacher derrière quelque chose ou disparaître facilement de sa vue. Demandez-lui de rester assis avant de partir.

2. Disparaissez de son champ de vision pendant quelques secondes, puis revenez vers lui et récompensez-le.

3. Si votre chien ne bouge pas, répétez l'étape 2.

Répétez l'exercice jusqu'à ce qu'il soit capable de ne plus vous voir pendant au moins une minute tout en restant assis.

Cachez-vous pour disparaître de son champ de vision.

Voir aussi… 16 63 66

79

… et à rester couché hors de votre vue

Cet exercice se déroule à l'identique du précédent (fiche 78). Si votre chien est anxieux, reprenez l'exercice de la fiche 17 et mettez-lui un t-shirt ou une bande élastique.

1. Demandez à votre chien de rester couché, puis éloignez-vous d'une dizaine de mètres jusqu'à votre cachette.

2. Disparaissez de son champ de vision pendant quelques secondes, puis revenez vers lui et récompensez-le avant de repartir.

3. Si votre chien ne bouge pas, répétez l'étape 2.

Répétez l'exercice jusqu'à ce qu'il soit capable de ne plus vous voir pendant au moins 2 minutes tout en restant couché.

Cachez-vous pour être hors de sa vue.

Voir aussi… 26 64 66

Chasser les friandises

80

Les jeux qui font appel à son flair sont non seulement gratifiants pour lui, mais fatigants mentalement, ce qui est bon pour vous ! Cet exercice est la suite logique de la fiche 31 (l'initier à la recherche de nourriture).

1. Attachez votre chien (fiche 71) ou demandez à quelqu'un de le tenir. Montrez-lui ses friandises préférées et éloignez-vous de quelques mètres. En vous éloignant, penchez-vous et touchez le sol, tantôt en lâchant une friandise, tantôt en faisant semblant pour l'inciter à fouiller toute la zone.

2. Détachez-le ou demandez à la personne qui le tient de le laisser aller à la recherche de ses friandises. Répétez plusieurs fois l'exercice.

Disséminez des friandises en veillant à ce que votre chien vous observe.

Tracey a lâché Oz qui utilise son flair pour dénicher les friandises.

3. À présent, cachez des friandises dans des endroits plus difficiles à trouver. Veillez à ce qu'il vous voit disparaître avec les friandises, puis revenez vers lui et laisse-le partir à la chasse aux friandises. Son travail de recherche étant plus difficile, cachez plusieurs friandises dont il raffole au même endroit pour soutenir son intérêt. Quelle sera sa joie de toucher le jackpot !

Son flair l'a mené jusqu'à ce petit coin où se trouve le jackpot !

Voir aussi… 27 31

81 Lui apprendre le rappel en poursuite

Si votre chien est doté d'un fort instinct de chasseur, cet exercice est un bon moyen de le canaliser. Il vous faut deux jouets identiques que vous pouvez lancer à une distance raisonnable. Les jouets avec une balle au bout d'une corde sont l'idéal, mais votre chien doit vraiment les apprécier, car sa récompense sera de vous les rapporter.

Lancez le jouet n° 1 vers l'autre personne.

1. La présence d'une autre personne pour les premières étapes de l'exercice est inestimable. Assurez-vous que votre chien rapporte déjà systématiquement (fiche 69).

2. Veillez à ce que votre chien sache qu'il y a deux jouets. Demandez à l'autre personne de se tenir à une vingtaine de mètres dans la direction où vous comptez lancer le jouet n° 1.

3. Faites asseoir votre chien et tenez-le fermement par son collier. Lancez le jouet vers l'autre personne – pas directement sur elle, mais légèrement à côté.

4. Lâchez votre chien, mais appelez-le pour attirer son attention au moment où il démarre sa course vers le jouet. Il va certainement vous ignorer, obnubilé par son jouet. L'autre personne doit alors ramasser le jouet et garder une position neutre ; elle ne doit pas regarder le chien ni

Alors que votre chien se précipite vers le jouet n° 1, demandez à l'autre personne d'avancer et de ramasser le jouet.

Oz opère un brusque virage lorsqu'on l'appelle, prêt à pourchasser le jouet n° 2.

lui parler. Continuez de l'appeler et, dès que vous avez capté son attention, lancez le jouet n° 2 dans la direction opposée à la précédente.

5. Laissez-le courir après le jouet et vous le rapporter. Jouez ensemble avec ce jouet et félicitez-le ou donnez-lui sa friandise préférée.

PAS D'ASSISTANT ?

Si personne n'est disponible pour cet exercice, munissez-vous d'une longue longe attachée à un harnais. Mais, surtout, évaluez avec précision la distance à laquelle vous lancez les jouets par rapport à la longueur de votre longe : si vous lancez les jouets trop loin, votre chien risque d'être blessé aux cervicales ou à la trachée en arrivant au bout de sa longe, et vous de faire une culbute en avant.

6. Répétez plusieurs fois l'exercice – votre chien ne va pas tarder à comprendre ce qu'il doit faire. Il va se rendre compte qu'il s'amuse davantage en poursuivant le jouet n° 2 parce qu'il court plus loin et que la poursuite se termine par une partie de jeu avec son maître et une friandise.

7. Augmentez progressivement la distance à laquelle vous lancez le jouet n° 1 – votre chien aura plus de terrain à parcourir pour aller le chercher, puis faire demi-tour lorsque vous l'appelez et lancez le jouet n° 2 dans la direction opposée.

Dernière étape : commencez le jeu en laissant votre chien en liberté ; il va démarrer sa course avant l'atterrissage du jouet n° 1, mais il ne faut surtout pas qu'il le saisisse ; il doit se focaliser sur le jouet n° 2 parce que c'est de cette manière qu'il attire toute votre attention et reçoit une belle récompense.

Voir aussi… 18 19 69 70

82 Lui apprendre la chasse aux jouets

Vous avez déjà appris à votre chien à rapporter plusieurs objets ou jouets qu'il vous a vu lancer (fiche 70), ainsi qu'à rechercher des friandises cachées (fiche 80). L'exercice qui consiste à l'encourager à rechercher des jouets ou d'autres objets cachés est la suite logique des deux premiers.

1. Rappelez à votre chien combien il aime jouer à rapporter plusieurs objets (fiche 70).

2. Alors que vous le tenez, lancez deux objets dans les hautes herbes ou sur une surface inégale – seul le second objet portant son marquage odorant.

3. Lâchez-le et demandez-lui de chercher et de rapporter (ou dites-lui « Cherche ! » et « Rapporte ! »). Il va aller tout droit sur le second objet parce qu'il l'a marqué. Encouragez-le à vous le rapporter et jouez quelques instants ensemble ou offrez-lui une délicieuse friandise.

Oz suit l'odeur du second jouet et le trouve facilement.

Marie a lâché Oz pour le laisser retrouver les jouets cachés – mission accomplie !

4. Dites « Hors jeu ! » et rangez l'objet dans votre poche. Incitez votre chien à aller chercher l'autre objet.

À mesure qu'il prend confiance, augmentez le nombre d'objets lancés. Une fois qu'il comprend parfaitement le but du jeu, attachez-le ou confiez-le à une autre personne. Laissez-le voir où vous cachez les objets au lieu de les lui lancer. Il va apprendre à suivre votre trace odorante. Si vous vous amusez tous les deux comme des fous, augmentez le nombre de jouets et rendez-les plus difficiles à trouver, mais pas trop.

Voir aussi… 69 71 81

… et à retrouver un enfant

Les enfants adorent participer aux jeux éducatifs et particulièrement à celui-ci. Pour commencer, il est préférable qu'une autre personne se tienne près de l'enfant pour contrôler la situation.

83

Tenez votre chien en laisse et laissez-le voir l'enfant disparaître avec son jouet. Une fois que l'enfant s'est caché, encouragez votre chien à partir à la recherche de son jouet qui est, bien sûr, entre les mains de l'enfant. Dès que l'autre personne voit le chien apparaître, elle incite l'enfant à lancer le jouet par terre, à proximité de sa cachette. Si le chien et l'enfant sont en confiance, vous pouvez répéter l'exercice sans laisse.

NOTE IMPORTANTE

Votre chien doit aimer la compagnie des enfants et ne pas les craindre pour réaliser cet exercice. Si vous avez le moindre doute sur sa réaction au moment où il découvre l'enfant avec son jouet, ne faites pas l'exercice.

Maisy est cachée, prête à lancer le jouet au moment où Oz la découvrira (ci-dessus). Dès que le chien l'aperçoit, la fillette lui lance son jouet (à droite).

Voir aussi… 69 70 71 80 81

84 Lui apprendre à ramper

L'apprentissage de cet exercice peut se révéler très utile le jour où votre chien se retrouve coincé sous votre voiture ou dans un fourré. En effet, s'il ne sait pas ramper, il ne voudra pas sortir parce qu'il ne pourra pas se mettre debout.

Lorsque votre chien est couché, incitez-le à ramper en avant en approchant doucement votre main.

1. Demandez à votre chien de se coucher et posez votre main à plat au sol en cachant une friandise dessous. Lorsqu'il renifle votre main, cliquez et récompensez.

2. Avancez un peu votre main pour l'obliger à tendre son museau vers la friandise et à ramper. Au moment où il rampe, cliquez et récompensez. Répétez plusieurs fois.

3. Incitez-le à toucher votre main du bout de son museau sans la friandise dessous. Cliquez et récompensez.

Augmentez progressivement la distance sur laquelle il rampe pour suivre votre main. Puis ajoutez un signal verbal du type « Rampe ! »

IL A DU MAL ?

N'oubliez pas que vous pouvez utiliser le TTouch (p. 35-38) si votre chien a du mal à ramper – soit parce qu'il n'a pas assez conscience de son arrière-train, soit parce qu'il souffre de tensions dans le dos.

Voir aussi… 17 24

… et à appuyer sur un bouton

85

C'est un jeu facile et qui fait son effet ! Il peut clore une séance d'éducation ou se pratiquer n'importe quand. Jeunes ou vieux, les chiens maîtrisent en général ce jeu avec une grande facilité ! Une fois que le chien a appris à appuyer sur le bouton au sol, vous pouvez le fixer contre un mur, voire installer une sonnette pour lui apprendre à sonner quand il a besoin de sortir.

1. Posez le bouton au sol. Dès que votre chien le regarde, cliquez et récompensez. S'il s'approche du bouton, quelle que soit la distance, cliquez et récompensez.

2. Dès qu'il s'en approche systématiquement pour obtenir sa récompense, attendez qu'il touche le bouton avec son nez ou sa patte pour cliquer et récompenser. Répétez l'exercice dans le cadre de courtes séances jusqu'à ce qu'il le touche systématiquement.

Si votre chien s'approche du bouton, cliquez et récompensez.

3. À présent, ne cliquez pas avant que le bouton émette un son. Votre chien ne va pas tarder à taper comme un fou sur le bouton, sachant que le bruit du clicker va suivre !

4. Quand votre chien adopte systématiquement le comportement souhaité, ajoutez un signal verbal du type « Appuie ! » Enfin, s'il réagit systématiquement au signal verbal, abandonnez progressivement le clicker et la récompense.

Fluffy comprend vite qu'un contact avec le bouton lui donne droit à une récompense.

Attendez que votre chien touche le bouton pour le récompenser.

Voir aussi… 27 33 75

86 Lui apprendre à reculer ou s'éloigner

C'est un exercice utile pour apprendre à votre chien à ne pas être constamment dans vos jambes et un bon début pour lui enseigner des tours, voire le doggy dancing.

1. Tenez-vous debout face à votre chien, les pieds assez écartés pour le laisser passer entre vos jambes. Déposez une friandise juste derrière vos jambes, entre vos deux pieds. Le chien va s'approcher pour saisir la friandise et reculer pour lever les yeux vers vous au cas où vous auriez une autre friandise. Quand il recule, cliquez et récompensez. Répétez plusieurs fois l'exercice.

Janet dépose une friandise derrière ses jambes, entre ses pieds.

Halo s'avance pour saisir la friandise.

2. Lorsque votre chien recule, attendez avant de cliquer pour voir ce qu'il va faire ensuite – la plupart de chiens reculent encore. Cliquez et récompensez.

Quand Halo recule pour lever la tête, au cas où il aurait droit à une autre friandise, Janet clique et récompense.

Halo comprend vite et recule de quelques pas.

3. Faites-le reculer de plus en plus loin, mais toujours progressivement, et lorsqu'il fait systématiquement ce que vous attendez de lui, ajoutez un signal verbal du type « Recule ! »

Voir aussi… 56 92 93

Exercices et jeux en plus

On peut dire, dès à présent, que vous avez décroché votre certificat d'aptitude aux exercices de niveau 3, même si vous ne faites pas découvrir à votre chien tous les exercices et jeux suivants. À moins que vous n'ayez envie d'épater vos proches et vos amis !

Maintenant que votre chien maîtrise parfaitement les exercices et jeux de niveau 3, choisissez-en deux dans les pages suivantes et entraînez-vous pour être en mesure d'épater la galerie ! Une fois que votre chien est au point, concoctez-lui un délicieux repas et invitez vos proches et vos amis à une gigantesque fête. Pour fêter quoi, au juste ? Votre certificat d'aptitude aux exercices de niveau 3, pardi ! N'oubliez pas d'en faire une photocopie (agrandie au maximum) et de la fixer au mur de votre séjour pour que tout le monde puisse l'admirer.

Ces nouveaux exercices et jeux vous seront, de plus, très utiles si vous envisagez de participer à des compétitions locales.

Cookie a appris à gérer un parcours d'obstacles.

Inka et Maria partagent le plaisir du skateboard.

Certificat d'aptitude aux exercices de niveau 3

Claironnez votre réussite (pas trop fort, si votre chien déteste le bruit) ! Bravoooo ! Mais il vous reste quelques exercices et jeux à apprendre à votre chien pour mériter vraiment votre certificat…

87 Créer un parc de loisirs à domicile

La plupart des chiens aiment gérer des obstacles – passer à travers un tunnel, dessous, dessus, etc. Vous pouvez installer un « parc de loisirs canins », provisoire ou permanent, dans la maison ou le jardin.

Installez un parc de loisirs à la maison.

Marie apprend à Fluffy à entrer dans un tipi et à en sortir.

Nous avons utilisé des équipements de jeux pour les enfants, peu coûteux, mais amusants et très efficaces pour apprendre à se situer dans l'espace. Ils peuvent être installés à l'intérieur comme à l'extérieur de la maison et séparés en différents éléments pour aider un chien anxieux à apprivoiser des formes inhabituelles. Vérifiez la stabilité du matériel avant de l'utiliser. Une fois que le tunnel, la tente et le tipi sont montés, le chien peut apprendre à aller de la tente au tipi et vice versa en traversant le tunnel.

Fluffy a appris à traverser un tunnel.

Voir aussi… 81 82 84

Lui apprendre à porter un objet

88

Certains chiens aiment naturellement porter des objets dans leur gueule.
Cet exercice permet de canaliser leur tendance innée et peut vous rendre service !

1. Posez au sol un casier à bouteilles rempli de bouteilles en plastique vides et incitez votre chien à porter son attention sur la poignée, selon les étapes décrites aux fiches 72 et 85.

2. Lorsqu'il se dirige systématiquement vers la poignée, attendez qu'il la touche avec sa gueule pour cliquer et récompenser. Répétez plusieurs fois cette étape.

3. Attendez qu'il prenne la poignée dans sa gueule pour cliquer et récompenser. Répétez plusieurs fois cette étape.

Fluffy saisit la poignée du casier…

… et la soulève. Bravo !

4. S'il a appris à soulever systématiquement la poignée, encouragez-le à venir vers vous avec le casier. Ne vous inquiétez pas s'il laisse tomber le casier ou tente de saisir les bouteilles vides. Restez neutre, puis cliquez dès qu'il reprend le casier par la poignée pour lui montrer qu'il adopte le bon comportement.

5. Progressez lentement dans l'exercice : votre chien doit maintenant pouvoir saisir le casier et vous l'apporter avant que vous cliquiez. S'il a parfaitement compris l'ensemble des étapes, ajoutez les signaux verbaux « Rapporte ! » (fiche 69) et « Lâche ! » (fiche 14).

Si vous souhaitez alourdir le casier à bouteilles, versez de l'eau dans les bouteilles en veillant à ce que le casier ne penche pas plus d'un côté que de l'autre.

PORTER UN PANIER

L'exercice reposant sur le même principe que celui du casier à bouteilles, suivez les mêmes étapes. Vous pouvez l'associer à l'exercice de rangement (fiche 94) pour apprendre à votre chien non seulement à ranger tous ses jouets dans un panier, mais aussi à rapporter le panier.

Voir aussi… 14 69 72 85 94

89 Lui apprendre à sortir un mouchoir de votre poche

D'accord, nous « frimons » un peu, mais cet exercice amusant fait son petit effet et vous sera d'une très grande utilité en cas de rhume !

1. Encouragez votre chien à ramasser un mouchoir par terre et à vous le rapporter (fiche 69).

2. Mettez le mouchoir dans votre poche en le faisant largement dépasser ; incitez votre chien à le toucher, puis cliquez.

3. À présent, demandez-lui de le sortir de votre poche pour vous le donner.

4. Faites de moins en moins dépasser le mouchoir de votre poche et répétez l'exercice jusqu'à ce que votre chien le sorte et vous le tende de façon systématique.

5. Ajoutez le signal verbal « Atchoum ! » en faisant semblant d'éternuer.

Répétez l'exercice jusqu'à ce qu'il devienne systématique et cliquez. Le tour est joué ! Vous avez un chien prêt à sortir un mouchoir de votre poche et à vous le donner si vous êtes enrhumé.

Monty apprend vite à saisir le mouchoir de Jo (à gauche) et à lui tendre (ci-dessus).

Voir aussi… 27 69 72

90 Le faire jouer à la dînette

Voici un autre jeu amusant qui incite le chien à faire preuve d'initiative et à exercer son flair. De plus, il pimente l'heure des repas !

1. Posez à l'envers quelques récipients en plastique au sol. Pendant qu'il vous observe, glissez une friandise sous au moins la moitié d'entre eux.

2. Laissez-le renifler les récipients. Lorsqu'il s'arrête pour vous montrer qu'il a senti l'odeur d'une friandise, retournez le récipient et laissez-le saisir sa récompense.

3. Rendez le jeu plus difficile en glissant des friandises sous un nombre de plus en plus réduit de récipients.

Fluffy a trouvé une friandise.

Voir aussi… 80 85

... et à faire du skateboard

91

Il s'agit d'un jeu amusant et très impressionnant. Il permet à Maria et à Inka de s'amuser ensemble et, surtout, de ne pas passer inaperçues ! Si vous pratiquez ce jeu près d'un canal, assurez-vous que votre chien aime l'eau pour pouvoir aller repêcher tous les gens qui, fascinés par le spectacle, font un pas de travers et tombent à l'eau !

1. Calez le skateboard afin qu'il ne bouge pas inopinément, faisant sursauter votre chien. Suivez les étapes décrites à la fiche 85 pour inciter votre chien à le toucher.

2. Incitez-le à poser une patte sur l'engin, cliquez et récompensez. Répétez plusieurs fois cette étape.

3. Une fois que le chien accepte de poser ses deux pattes avant sur le skate, cliquez et récompensez.

4. À présent, attendez qu'il garde ses deux pattes avant sur le skate pendant quelques secondes avant de cliquer et de récompenser. Répétez cette étape, améliorez progressivement sa confiance et prolongez la durée de la position.

5. Lorsque ses deux pattes avant sont sur le skate, faites-le avancer doucement, cliquez et récompensez. Répétez plusieurs fois cette étape pour accroître son assurance et augmentez le temps durant lequel il avance sur le skate. Il doit s'habituer à « marcher » avec une ou deux pattes arrière, selon ce qui lui vient naturellement.

6. Avancez devant le skateboard et incitez votre chien à vous suivre en posant ses deux pattes sur la planche.

Inka peut se propulser en avant avec soit ses pattes postérieures, soit ses pattes antérieure et postérieure gauches.

Un chien qui fait du skateboard !

CONSEILS

- *Mieux vaut commencer sur un tapis ou toute autre surface non glissante pour éviter que le skateboard ne roule brusquement en avant et fasse peur à votre chien.*
- *Prenez tout votre temps et soyez patient. Si vous brûlez les étapes, votre chien appréhendera le skateboard, et ni lui ni vous ne vous amuserez.*

Voir aussi... 35 36 45 73 85

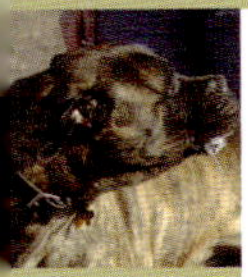

92 Lui apprendre à faire un tour complet à gauche et à droite

Cet exercice est facile à apprendre à votre chien et l'aidera à améliorer sa souplesse corporelle.

Tracey utilise son clicker et des friandises pour apprendre à Calgacus à faire un tour complet à gauche.

1. Dans votre main gauche, tenez une friandise juste devant le nez de votre chien, puis déplacez lentement votre main vers la gauche. Dès qu'il bouge ses pattes, cliquez et récompensez. Répétez plusieurs fois cette étape.

2. Déplacez votre main encore plus loin pour que son museau dépasse sa queue et qu'il commence à décrire un cercle. Cliquez, mais ne récompensez que lorsqu'il fait un cercle complet.

3. Recommencez en cliquant à mi-chemin et en récompensant à la fin. Entraînez-vous jusqu'à ce que votre chien réalise ce mouvement circulaire avec souplesse et que vous n'ayez plus besoin de l'appâter. Il doit suivre systématiquement votre main.

4. Ajoutez un signal verbal du type « Tourne à gauche ! » et « Tourne à droite ! »

Suivez les étapes précédentes pour lui apprendre à faire un tour complet à droite en suivant votre main droite.

Cette fois, elle apprend à Calgacus à faire un tour complet à droite.

Voir aussi… 24

… et à faire des lacets entre les jambes

93

Cet exercice amusant est la suite logique du suivi de la main (fiche 24). Il augmente la souplesse de votre compagnon (et la vôtre !) et peut être pratiqué même avec des chiens de grande taille. Il permet parfois de constater une grande amélioration de la posture de son animal.

Maria a frappé l'extérieur de sa cuisse droite pour inciter Inka à passer sous sa jambe droite fléchie.

1. Votre chien est à votre gauche. Avancez d'un pas votre jambe droite et frappez l'intérieur de votre cuisse droite avec votre paume droite pour inciter votre chien à avancer vers votre main. Cliquez et récompensez. Répétez plusieurs fois.

2. Lorsque le chien avance, frappez l'extérieur de votre cuisse droite avec votre paume droite pour attirer votre chien entre vos deux jambes. Cliquez dès qu'il passe entre vos jambes et récompensez-le une fois qu'il est à votre droite. Répétez plusieurs fois.

3. À mesure que votre chien gagne en confiance, atténuez le signal de la main et remplacez-le par le seul mouvement de la jambe. Enfin, ajoutez un signal verbal du type « Aux lacets ! »

Procédez à l'identique pour lui apprendre à faire un lacet à gauche. Une fois qu'il maîtrise les deux directions, essayez de marcher lentement en l'encourageant à faire des lacets entre vos jambes. Le signal visuel deviendra la flexion de votre jambe.

La flexion de la jambe renforce le signal verbal.

Voir aussi… 24 92

94 Lui apprendre à ranger ses jouets

Quel jeu formidable… et pratique pour les maîtres ! Apprendre à un chien à ranger ses jouets dans une boîte ou un chariot est plus facile qu'on l'imagine. D'autant que vous avez un chien de plus en plus créatif et capable de vous rapporter un objet sur commande.

1. Asseyez-vous ou agenouillez-vous en posant une boîte ou un petit chariot entre votre chien et vous. Lancez un jouet par terre du côté de votre chien.

2. Lorsqu'il se penche au-dessus de la boîte ou du chariot pour vous le redonner, cliquez et lâchez le jouet dans la boîte ou le chariot. Le jouet doit atterrir au moment où votre chien obtient sa récompense.

Incitez votre chien à saisir et ranger un jouet lancé par terre de son côté.

Fluffy savoure une récompense bien méritée.

3. Répétez plusieurs fois l'exercice jusqu'à ce qu'il comprenne ce que vous attendez de lui.

4. Jetez deux ou trois jouets de l'autre côté de la boîte. Lorsque votre compagnon a rangé son premier jouet et trouvé sa friandise, encouragez-le à faire la même chose avec ceux qui restent.

Accroître la difficulté

Si votre chien range systématiquement ses jouets, vous n'êtes pas obligé de le récompenser à chaque fois et pouvez récompenser uniquement les « meilleurs rangements ». Redressez-vous et éloignez-vous progressivement de la boîte pour voir s'il continue à ranger. Si c'est le cas, ajoutez un signal verbal du type « Range ! »

Encouragez votre chien à saisir et ranger un autre jouet.

Voir aussi… 70

… et à aller d'une cible à l'autre

95

Si vous avez suivi l'ensemble des exercices de notre programme éducatif, vous avez déjà enseigné à votre chien à se déplacer vers une cible et à l'atteindre, en l'occurrence le tapis d'éducation (fiche 27). Cet exercice en est la suite logique.

L'envoyez vers une cible

1. Installez un tapis d'éducation, un cône ou un piquet et rappelez à votre chien comment atteindre une cible en suivant les étapes décrites à la fiche 27.

2. Lorsqu'il sait parfaitement s'éloigner de vous en ligne droite pour atteindre sa cible, ajoutez un signal verbal du type « Cible ! » Il vous faudra peut-être plusieurs séances courtes pour obtenir ce comportement.

Ajouter une seconde cible

Dès que votre chien sait atteindre une cible sur commande, ajoutez-en une seconde.

1. Installez deux cibles identiques à 10 m d'intervalle. Tenez-vous à 6 m de distance des cibles et face à elles.

2. Votre chien est à vos côtés. Pivotez sur place pour être face à la première cible et envoyez votre chien vers elle. Normalement, vous n'avez pas besoin de clicker ni de récompenser. Si besoin, rafraîchissez sa mémoire et répétez la première partie de l'exercice, mais en ayant eu soin de placer une récompense sur la cible pour pouvoir cliquer lorsque votre chien l'atteint et mange sa friandise.

Maria pivote face à la première cible et demande à Inka d'aller l'atteindre.

3. Quand votre chien atteint sa cible, il doit vous regarder, attendant quelque chose de vous. Pivotez face à la seconde cible en accompagnant votre mouvement d'un geste de bras pour rediriger votre chien vers elle. Dès qu'il avance vers elle, cliquez et récompensez.

4. Attendez de plus en plus longtemps pour cliquer et récompenser de façon à inciter votre chien à s'approcher de plus en plus près de la seconde cible.

5. Quand votre chien comprend qu'il doit atteindre la seconde cible, cliquez et récompensez. Répétez l'exercice jusqu'à ce qu'il le maîtrise parfaitement, puis ajoutez un signal verbal du type « Tout droit ! »

Pratiquez régulièrement cet exercice, puis essayez de lui apprendre à aller dans le sens inverse, de la cible 2 à la cible 1.

Maria réoriente Inka vers la seconde cible.

Voir aussi… 24 27 72

96

L'initier au saut d'obstacles

Si votre chien sait parfaitement franchir des poteaux au sol et des obstacles de faible hauteur, vous pouvez lui apprendre à sauter des obstacles plus hauts – un seul ou une série d'obstacles. Révisez les fiches 34 et 74 avant de vous lancer dans le vrai saut d'obstacles !

Inka franchit allègrement les obstacles.

1. Commencez par un seul obstacle peu élevé. Demandez à votre chien de rester assis devant lui.

2. Franchissez l'obstacle, courez sur quelques mètres, puis tournez-vous vers votre chien et appelez-le. Cliquez quand il saute et récompensez-le quand il arrive à vos pieds. Répétez plusieurs fois cette étape.

3. Donnez-lui le signal verbal appris à la fiche 74.

4. Alignez deux ou trois obstacles et demandez-lui de les franchir comme précédemment.

5. Augmentez peu à peu la hauteur des obstacles, mais restez raisonnable. Si votre chien contourne les obstacles, revenez à un seul obstacle ou diminuez leur hauteur.

Une fois que votre chien a compris l'exercice, déposez une friandise ou son jouet favori de l'autre côté de l'obstacle, revenez à ses côtés, puis lâchez-le et courez à côté de lui pendant qu'il franchit l'obstacle pour accéder à son jouet ou sa friandise.

Plus de sauts

Demandez à une amie de vous aider à faire franchir une série de trois petits obstacles à votre chien. Envoyez-la à l'autre bout des obstacles avec le jouet favori de votre chien.

Demandez à votre chien de rester debout, assis ou couché devant le premier obstacle, puis donnez-lui le signal verbal « Saute ! » Votre amie doit rappeler votre chien en agitant son jouet. Elle doit cliquer et récompenser une fois que le chien a franchi les trois obstacles. Elle peut ensuite vous le renvoyer. C'est une façon amusante d'habituer le chien à atteindre une cible et à obéir au rappel.

Voir aussi… 20 34 63 74 95

Lui apprendre à donner la patte

97

Voici un exercice facile. Certains chiens utilisent d'instinct leurs pattes pour s'exprimer et cet apprentissage permet de canaliser leur tendance innée à vous donner des coups de patte pour attirer votre attention. Mais, comme votre chien doit avoir déjà appris à respecter votre espace personnel (fiche 60), cet exercice sera pour lui un jeu d'enfant !

Marie offre une récompense à Sally dès qu'elle lève sa patte.

1. Déposez une friandise dans le creux de votre main, paume vers le haut. Repliez vos doigts pour cacher la friandise et tendez votre main sous le nez de votre chien. Il va d'abord la renifler, puis essayer d'ouvrir votre main avec sa patte. Dès qu'il lève sa patte, cliquez et offrez-lui la friandise. Répétez plusieurs fois cette étape.

2. Devenez plus exigeant – ne cliquez et ne récompensez que lorsqu'il touche votre main gauche avec sa patte droite. Répétez jusqu'à ce qu'il tende systématiquement sa patte droite.

3. Essayez sans friandise : au moment où votre chien lève sa patte, ouvrez la main et prenez doucement sa patte ; tenez-la 1 ou 2 secondes, puis cliquez et récompensez.

4. Répétez l'exercice avec l'autre main, jusqu'à ce que votre chien touche systématiquement votre main gauche avec sa patte droite, et votre main droite avec sa patte gauche.

5. Introduisez des signaux verbaux différents pour les deux pattes du type « Patte gauche ! » et « Patte droite ! » pour lui apprendre à donner la bonne patte au bon signal.

Sally apprend vite à donner la papatte !

Voir aussi... 6 15 24

98 Lui apprendre à toper et se dresser sur ses pattes postérieures

Si votre chien sait donner la patte, vous n'aurez aucun mal avec cet excercice.

« Tope là, mon chien ! »

1. Debout devant votre chien, donnez-lui le signal pour l'inciter à toucher la paume de votre main gauche avec sa patte droite. Cliquez et récompensez.

2. Tournez votre paume vers le bas. Si votre chien tente de lever sa patte droite vers votre main gauche, cliquez et récompensez. Répétez jusqu'à ce qu'il comprenne qu'il doit taper dans votre main gauche avec sa patte droite.

3. Répétez l'exercice avec l'autre main.

4. Ajoutez des signaux verbaux différents pour les deux pattes du type « Tope à gauche ! » et « Tope à droite ! »

À SA HAUTEUR

Si votre chien a du mal à apprendre cet exercice, essayez de vous agenouiller au lieu de rester debout.

« Lève-toi et marche ! »

Inciter votre chien à se dresser sur ses pattes postérieures est la suite logique de l'exercice précédent. Agenouillez-vous face à lui et donnez-lui le signal visuel pour toper ; lorsqu'il lève sa patte, montez un peu votre main pour qu'il tope dans le vide. Cliquez et récompensez. Répétez plusieurs fois.

Redressez-vous peu à peu pour vous mettre debout. Votre chien va sans doute rester plus longtemps la patte en l'air pour essayer de toper. Cliquez et récompensez. Répétez plusieurs fois, puis ajoutez un signal verbal du type « Dressé ! » ou « En l'air ! » que vous accompagnez d'un geste de la main.

Inka marche !

Marie apprend à Sally à toper.

Voir aussi… 97

… à se rouler par terre

À ce stade, vous pouvez facilement ajouter cet exercice amusant à votre programme éducatif. En effet, il repose sur des aptitudes clés que votre chien doit désormais maîtriser.

99

1. Alors que votre chien est couché, incitez-le à suivre votre main, ce qui l'oblige à tourner la tête par-dessus son épaule. Cliquez et récompensez. Répétez plusieurs fois cette étape jusqu'à ce qu'il prenne confiance. S'il reste réticent ou peu sûr de lui, prenez une friandise dans votre main pour mieux l'encourager les premières fois.

2. Incitez-le à se rouler en déplaçant votre main plus loin et en n'appuyant pas tout de suite sur le clicker. Cliquez et lâchez la friandise du côté où il se roule.

3. Répétez l'exercice jusqu'à ce qu'il se roule par terre avec confiance en suivant votre main des yeux, puis ajoutez un signal verbal du type « Roule ! »

Oz suit la main des yeux (en haut), ce qui l'oblige à amorcer une roulade (en bas).

Voir aussi… 17 24

100 … et à sauter à travers des cerceaux

Notre dernier jeu – encore plus amusant pour le maître que pour le chien ! Utilisez des cerceaux de plus en plus petits à mesure que votre chien progresse.

1. Tenez un cerceau – la partie inférieure du cercle près du sol et la partie supérieure légèrement inclinée vers le chien. Prenez une friandise dans l'autre main et incitez-le à sauter à travers le cerceau pour l'obtenir. Répétez plusieurs fois cette étape.

2. Montez légèrement le cerceau tout en le gardant incliné vers le chien pour lui faciliter la tâche.

3. Progressivement, apprenez à votre chien à sauter à travers des cerceaux plus petits.

Fluffy saute à travers le grand cerceau.

Le mot de la fin

Même si nous essayons de donner à nos chiens l'existence la plus heureuse possible, les choses peuvent changer à un moment donné. Un enfant ou une autre personne peut entrer dans votre vie, ou vous pouvez ne plus être en mesure de donner à votre chien tout ce que vous pensiez pouvoir lui donner en raison d'ennuis de santé ou d'un nouveau travail passionnant mais très accaparant. Votre chien aussi peut être touché par la maladie, une maladie aiguë ou chronique, ou avoir un accident et être blessé. Il est donc important de vous dire que vous n'êtes jamais à l'abri d'une situation problématique et de vous y préparer.

Quand la vie change…

Si vous ou votre chien êtes dans l'impossibilité de faire de longues promenades ou des exercices intensifs pour une raison ou pour une autre, le TTouch, les jeux éducatifs de Nina Ottosson et l'apprentissage par le clicker aideront votre animal à rester équilibré et stimulé mentalement. Le TTouch lui permettra aussi de s'adapter plus rapidement à d'éventuels problèmes physiques ou de les surmonter.

Si votre chien est correctement socialisé et a développé des liens solides avec vous, les membres de votre famille et vos amis à travers le programme éducatif proposé dans ce livre, il pourra probablement accepter sans difficulté de nouvelles situations et, si vous savez vous organiser, l'arrivée d'un enfant ou tout autre changement au sein du foyer ne le perturbera pas outre mesure. Si vous avez un enfant, n'hésitez pas à acheter des CD pour habituer votre chien aux bruits que font les bébés et à lui apprendre à marcher à côté d'une poussette avant l'arrivée de l'enfant.

Son alimentation

Nous sommes ce que nous mangeons, et cela vaut également pour nos chiens. L'alimentation canine étant sujette à bien des controverses, faites vos propres recherches pour donner à votre chien une nourriture qui lui soit bénéfique, tout en restant commode à préparer si vous avez un emploi du temps chargé. Préférez une alimentation plus naturelle (qu'elle soit « maison » ou achetée dans le commerce), sans additifs ni conservateurs. Les chiens qui reçoivent une telle nourriture sont en effet plus calmes, plus attentifs, plus faciles à éduquer et, globalement, plus faciles à vivre.

Ne vous laissez pas avoir par ce qui est écrit sur les emballages – des ingrédients prétendument sains – et ne vous laissez pas submerger par la surinformation. Certains chiens se portent très bien avec une alimentation 100 % crue, d'autres pas du tout. Si vous cherchez des aliments secs complets, veillez à ce qu'ils soient aussi naturels que possible. Certains chiens réclament davantage de glucides et de protéines, d'autres ne tolèrent pas certains ingrédients. Si votre chien est surexcité, donnez-lui un repas à base de protéines et, environ une heure après, un repas à base de glucides. Cela va accroître son taux de sérotonine et l'aider à être plus calme.

L'important n'est pas tant la destination que le voyage…

Même s'il est bon de se fixer des objectifs, se focaliser sur la destination revient à manquer le voyage. Et c'est le voyage qui crée un lien profond et durable entre le chien et son maître.

Cookie, adoptée par Sarah, est devenue une compagne parfaite.

Informations utiles

Au sujet du Toucher Tellington (ou TTouch)

Le TTouch a été développé il y a plus de 30 ans par une experte animalière, Linda Tellington-Jones. Il s'agit d'un toucher particulier comportant différents mouvements, dont les mouvements circulaires sur la peau de l'animal, à l'effet très relaxant. Il n'est plus seulement pratiqué sur les chevaux, mais aussi sur les animaux de compagnie. Il peut compléter les soins vétérinaires, soutenir les activités éducatives pour améliorer le processus d'apprentissage, modifier le comportement de l'animal, l'apaiser, le rassurer et, plus globalement, permettre au maître de renforcer la relation avec son animal. Il y a aujourd'hui plus d'un millier de praticiens de cette méthode dans 27 pays du monde. Le TTouch commence à être utilisé dans les élevages français et, depuis 2008, des stages de TTouch sont proposés.

Vous trouverez l'histoire du TTouch et des renseignements supplémentaires sur le site *www.frenchtoutou.com/sante*

Fournisseurs

La plupart des produits cités dans ce livre n'étant pas disponibles dans les animaleries françaises, les sites que vous trouverez ci-dessous sont généralement étrangers. Seuls les sites *www.caniscool.com* et *www.zooplus.fr* proposent dans leur boutique en ligne les jeux éducatifs de Nina Ottosson, des baguettes télescopiques avec un jouet au bout, des clickers, etc.

www.petsshopping.fr est une boutique en ligne spécialisée dans les produits animaliers d'importation.

Jelly Scrubbers® : ce sont des gants de massage très souples qui remplacent la brosse chez les chiens qui souffrent d'une hypersensibilité de contact.
www.tail-tamer.co

Kongs® : si vous souhaitez des informations sur ces jouets et leur utilisation, rendez-vous sur le site *www.kongcompany.com*

Jeux interactifs Nina Ottosson : ces jeux sont très utilisés dans les pays nordiques. Pour plus de renseignements, se rendre sur le site *www.nina-ottosson.com*

Bandes élastiques d'éducation : disponibles sur les sites *www.ttouchtteam.co.uk* et *www.ttouch.com*

T-shirts d'éducation : *www.equafleece.co.uk* et *www.K9byigloo.co.uk*

CD pour habituer le chien aux bruits de son environnement : *www.soundtherapy4pets.com*

Sites utiles

Linda Tellington-Jones
www.ttouch.com

Sarah Fisher
www.ttouchtteam.co.uk
email : *sarahfisher@ttouchtteam.co.uk*

Marie Miller
www.pawsnlearn.com
email : *ttouch@pawsnlearn.com*

CNEAC (Commission nationale d'éducation et d'agility)
www.france-agility.com

SCC (Société centrale canine)
155, av. Jean-Jaurès
93535 Aubervilliers cedex
Tél. : 01 49 37 54 00
www.scc.asso.fr

Remerciements

Nous remercions Shelley Hawkins, Harley et Maisie Williams, Tina Constance et Sally, Jo Ors, Monty et Zack, Tracey McLennan, Calgacus et Cuillin, Maria Johnston et Inka, Janet Atkins et Halo, Naomi et Bob Atkins, Harry et Rachael Denness et Monty, Battersea Dogs and Cats Home, North Road Veterinary Centre, Jon Langley, Clare Edwards et Chilli, Jane Trollope et, bien sûr, Jo Weeks, tout simplement fabuleux et d'une patience d'ange !

Les auteurs

Sarah Fisher est la seule à enseigner officiellement le TTouch au Royaume-Uni ; elle travaille sur tous les chiens qu'elle peut soulager avec cette méthode depuis 14 ans. Elle a participé à de nombreuses émissions de télévision dont The One Show (BBC1), Animal Rescue Live (BBC1) et Talking to Animals (ITV1 et Nat Geo). Elle a également écrit de nombreux articles dans les revues canines *Your Dog* et *Dogs Today*, et publié un livre *Unlock Your Dog's Potential* (D&C, 2007). Elle anime des ateliers dans les principaux refuges du Royaume-Uni et donne des conférences à l'échelle internationale. Elle accueille chez elle des chiots en difficulté du Battersea Dogs and Cats Home, un refuge britannique. Elle vit avec son partenaire Anthony Head, leurs deux filles, Emily et Daisy, et leurs cinq chiens, Archie, Orsa, Ginny, Bud et Cookie.

Marie Miller a 30 ans d'expérience dans l'éducation canine, y compris l'éducation des chiens d'handicapés. Praticienne du TTouch pour Companion Animals, elle est l'une des fondatrices de l'Association of Pet Dog Trainers (APDT) du Royaume-Uni. Spécialiste du comportement animalier et éducatrice au Hollycroft Vet Centre de Hinckley, dans le Leicestershire, depuis 18 ans, elle a vu certains de ses articles publiés dans *Dogs Monthly*, *Dog Training Weekly* et *Service Dog*.

Marie partage son quotidien avec certaines des stars de ce livre dont Fluffy, Oz et Maisy (deux bergers allemands) et Tad, Gem l'ayant quittée à l'aube de son 14e anniversaire – c'est à elle que ce livre est dédié.

Marie dit de Gem : « Elle était vraiment le chien parfait et la meilleure amie de mon fils Sean. À l'âge de 13 ans, Sean nous a convaincus qu'il pouvait être responsable de son propre chien. Il est notre fils unique et nous avons pensé qu'un confident à quatre pattes l'aiderait à mieux vivre son adolescence. Mon amie Debbie Summers a élevé Gem et l'a offerte à Sean en le mettant en garde : s'il ne s'occupait pas de Gem comme il fallait, elle viendrait reprendre le chiot. Sean a toujours été aux petits soins pour Gem. Il se levait de bon matin pour préparer des œufs brouillés à Gem, alors âgée de 8 mois ! Il revenait de l'école tous les midis pour la voir, la conduisait à des cours d'éducation. Gem n'était pas du tout surprise de voir son ami l'éduquer en chaise roulante. Gem était une élève modèle et, surtout, la meilleure amie de Sean. Il se sent toujours aussi perdu depuis sa disparition. »

Cookie est la vraie star de ce livre. Sarah l'a adoptée dans le refuge de Battersea. Marie et Sarah ont travaillé avec Cookie pour l'aider à surmonter son exubérance et ses mauvaises manières. Aujourd'hui, c'est une chienne adorable et bien socialisée, qui continue de pratiquer avec plaisir ses exercices d'éducation.

Sean et Gem.

Cookie.

INDEX